ALEXANDRE DUMAS

PARIS. — TYP. SIMON RAÇON ET Cᵉ, RUE D'ERFURTH, 1.

ALEXANDRE DUMAS (Père)

Publié pa. G HAVARD   Imp. de Mangeon &c. r. S. Jacq Paris

LES CONTEMPORAINS

ALEXANDRE

DUMAS

PAR

EUGÈNE DE MIRECOURT

PARIS

GUSTAVE HAVARD, ÉDITEUR

15, RUE GUÉNÉGAUD, 15

1856

AVIS

Le volume contenant la biographie de Louis Veuillot ne paraîtra que fin janvier. Nos renseignements n'étaient pas complets. Comme nous avons l'habitude de tenir scrupuleusement parole à nos lecteurs, nous les prions de vouloir bien excuser ce retard de quinze jours.

ALEXANDRE DUMAS

Figurez-vous un voyageur à qui l'on a
fait la peinture d'un Eldorado délicieux,
peuplé de villas splendides, aux jardins
toujours verts, aux pelouses toujours émail-
lées. Là, sous un ciel d'azur et par un éternel printemps, chantent sans cesse les oi-
seaux et la brise. Doux murmures, grands
ombrages, fleurs éblouissantes, tout se

réunit pour charmer l'oreille et le regard.
Chaque détail est une poésie, chaque pas
fait naître un rêve.

Notre voyageur prend son bâton de tou-
riste et se dirige vers ce pays ravissant.

Il arrive. O spectacle affreux! Les villas, les jardins, les pelouses, les ombrages, tout est ravagé, tout est flétri. Un cyclope absurde prend ses ébats au milieu de
la poétique région. Sur son passage, il ne
laisse que ruine et désastre.

Le voyageur, c'est nous; l'Eldorado,
c'est le domaine des lettres; le cyclope,
c'est Alexandre Dumas.

A notre arrivée dans la littérature, nous
avons trouvé cet homme brisant tout, gâ-
chant tout, ne respectant rien, violant la
Muse, et se moquant avec effronterie des
choses respectées jusqu'à ce jour.

Nous étions jeune; l'indignation dans notre âme était bouillante. »

Peut-être nous sommes-nous donné tort par un excès de colère. Aujourd'hui nous serons calme en révélant au public les malheurs causés par cet écrivain, et notre voix n'en sera que mieux entendue.

M. Dumas lui-même nous permet de raconter sa vie et ses crimes littéraires. Ouvrez le premier numéro de son journal, vous trouvez ceci :

« — Vous continuez donc vos *Mémoires?*
— Oui.
— Vous avez tort.
— Pourquoi cela?
— Parce qu'ils révèlent une foule de choses que vous feriez aussi bien de laisser cachées.
— A mon avis, *aucune chose ne doit rester cachée :* les bonnes choses doivent sortir de l'ombre pour être applaudies; *les mauvaises doivent être traînées au jour pour être honnies et sifflées.*

— Mais, dans vos *Mémoires*, vous n'attaquez pas seulement les choses, *mais les hommes*.

— Les hommes sont les pères des choses, et les pères répondent des enfants. »

Voilà qui est clair. Puisque nos pouvoirs sont constatés et reconnus, commençons l'histoire du personnage.

Alexandre Dumas est né à Villers-Cotterets, le 24 juillet 1802.

Nous ne discuterons pas ses prétentions à avoir des ancêtres. Son grand-père, le marquis Antoine-Davy de la Pailleterie, épousa, disent les uns, n'épousa point, disent les autres, une négresse de Saint-Domingue, appelée Tiennette Dumas. Les armes de la famille, affligées ou non de la barre de bâtardise, n'en sont pas moins d'azur à trois aigles d'or, aux vols éployés pour deux, avec un anneau d'argent placé en cœur.

Regagnant la France après-avoir été quelque temps gouverneur de Saint-Domingue, Antoine Davy de la Pailleterie ramena un jeune mulâtre, qu'il avait reconnu.

Ce dernier s'engagea comme simple soldat, sous le nom de sa mère défunte, en voyant le vieux marquis contracter mariage avec une demoiselle Retou, sa femme de charge.

Le fils de Tiennette Dumas se distingua bientôt dans l'armée française par de brillants faits d'armes.

A cette époque (1792), l'avancement était rapide. Notre volontaire monta de grade en grade, et conquit les épaulettes de général de division.

Disgracié sous l'Empire, il prit sa re-
traite, et mourut sans fortune, à Villers-
Cotterets, vers 1806.

L'illustre guerrier, si l'on en croit son
fils, était fort bel homme.

Voulant nous en donner une preuve
irréfragable, Alexandre Dumas certifie,
dans ses *Mémoires*, que le mollet du héros, le jour où il épousa sa mère, était
juste de la grosseur de la taille de celle-
ci, — détail authentique et singulier que
l'histoire ne s'attendait guère à enregis-
trer dans ses annales.

Madame Dumas, après la mort de son
époux, resta, dit-on, dans un état voisin
de l'indigence.

Le fait nous semble improbable.

Napoléon Ier n'était pas homme à priver
de pension la veuve d'un général.

Alexandre commença ses études auprès d'un certain abbé Grégoire, qui eut une peine extrême à lui apprendre la langue latine, et qui ne put jamais réussir, en dépit de tous ses efforts, à le faire mordre à l'arithmétique. Son élève affectionnait spécialement l'école buissonnière, la chasse à la pipée, le braconnage, l'équitation, l'escrime et le tir au pistolet.

Tous ces exercices physiques développèrent chez Alexandre une santé puissante que rien jusqu'à ce jour n'a pu détruire.

« Je faisais, dit-il, un assez joli enfant : j'avais de longs cheveux bouclés qui tombaient sur mes épaules, et qui ne crépèrent que le jour où j'eus atteint ma quinzième année; de grands yeux bleus qui sont restés ce que j'ai encore *de mieux* dans le visage; un nez droit, petit et assez bien fait; de grosses lèvres roses et *sympathiques;* des dents blanches et assez mal rangées. Là-dessous, enfin, un *teint d'une blancheur éclatante*, et qui tourna au *brun* à l'époque où mes cheveux tournèrent au crépu. »

Ces détails sont pleins d'intérêt; nous remercions M. Dumas de nous les fournir.

A l'âge de dix-huit ans, il entra comme troisième clerc dans l'étude de M⁰ Menesson, notaire royal à Villers-Cotterets.

La petite cité picarde abritait alors la famille de Leuven, exilée de Paris, en 1815, au retour des Bourbons. Déjà vaudevilliste, Adolphe de Leuven répondit au jeune Dumas, qui manifestait un désir violent d'arriver à la fortune :

— Faites-vous auteur dramatique, mon cher. Le théâtre est une mine d'or, et je vous offre ma collaboration.

Alexandre le prend au mot.

Trois pièces ayant pour titre : le *Major de Strasbourg*, — *Un dîner d'amis*, — et les *Abencerrages*, sont expédiées aux directions parisiennes, et refusées partout.

Le fils du général ne se décourage point.

Son collaborateur Adolphe a regagné la capitale. Tourmenté d'un désir irrésistible de connaître les acteurs en vogue, Alexandre se décide à faire le voyage de Paris avec le maître clerc de Mᵉ Menesson.

Ces messieurs ont le gousset vide et le fusil sous le bras.

Ils tuent, chemin faisant, nombre de lièvres et de perdreaux, les vendent aux marchands de comestibles le long de la route, et gagnent ainsi la grande ville.

Adolphe de Leuven accueille à bras ou-

verts son jeune collaborateur, et lui donne
un billet pour aller voir Talma.

Bien plus, il lui ouvre l'entrée privilé-
giée des coulisses et le présente au célèbre
tragédien pendant un entr'acte. Talma
reçoit très-affectueusement le Nemrod picard, étudie son œil, regarde son front, et
ne manque pas d'y découvrir le sceau mani-
feste du génie.

« — Alexandre Dumas, lui dit-il, je te baptise
poëte au nom de Shakspeare, de Corneille et de
Schiller. Retourne en province, rentre dans ton
étude, et l'ange de la poésie saura bien t'aller
trouver là où tu seras, t'enlever par les cheveux
comme le prophète Habacuc, et t'apporter là où
tu auras affaire. »

Loin de nous la pensée de révoquer en
doute cette prédiction merveilleuse de
Talma, puisque c'est le véridique auteur

des *Impressions de voyage* lui-même qui
la rapporte.

À défaut d'un ange, un diable ennemi
de la littérature ne tarda pas, en effet, à
prendre par les cheveux Habacuc-Dumas
et à le transporter définitivement à Paris,
pour le plus grand malheur des écrivains
modernes.

Ne voulant plus, cette fois, mitrailler
sur sa route perdreaux et lièvres, Alexandre gagne son voyage, en quinze points
liés au billard, à l'entrepreneur des voitu-
res publiques, prend cinquante francs
dans la bourse de sa mère, demande à
quelques électeurs de l'Aisne des lettres
de recommandation pour les vieux géné-
raux de l'Empire, et vient s'installer dans
une mansarde de la place des Italiens [1].

[1] Voir la notice consacrée à Alexandre Dumas fils

Le jour même de son arrivée, il se présente chez le maréchal Jourdan, qui lui fait piteux accueil, chez Sébastiani, qui le reçoit mal, et chez le duc de Bellune, qui ne le reçoit pas du tout.

Enfin il trouve un protecteur dans le général Foy.

Reconnaissant au jeune homme une fort belle écriture, celui-ci le fait entrer au secrétariat du duc d'Orléans avec douze cents francs d'honoraires.

De son propre aveu, M. Dumas était alors d'une ignorance extrême. Comme il n'avait dans les bureaux du prince que fort peu de besogne, il lut Walter Scott, Shakspeare, Gœthe et Schiller, dans la

pour des relations de voisinage qu'il est inutile de reproduire ici.

prévision que ces lectures lui seraient plus tard d'une grande utilité.

Notre homme a dit au général Foy :

« — Je vais vivre de mon écriture; mais je vous promets de vivre un jour de ma plume. »

Il s'agit de tenir parole.

Un vaudeville en collaboration avec Leuven et Rousseau, porté d'abord au Gymnase, eut le sort des pièces expédiées de Villers-Cotterets. La *Chasse et l'Amour*, tel était le titre de cette élucubration, que l'Ambigu, trois mois plus tard, consentit à mettre à l'étude en stipulant pour chaque auteur *quatre francs* par soirée.

Bientôt la Porte-Saint-Martin joua la *Noce et l'Enterrement*, deuxième vaudeville de notre commis au secrétariat.

Il avait alors pour collaborateurs MM. Gustave et Lassagne.

Plus généreuse que l'Ambigu, la Porte-
Saint-Martin octroya *six francs* par représentation à chacun des auteurs.

Alexandre commençait donc à tenir sa
promesse et à vivre de sa plume. Madame
Dumas quitta la province et vint demeurer
avec le futur grand homme dans un modeste appartement du faubourg Saint-
Denis.

Tout en conservant sa place d'expéditionnaire au secrétariat du prince et en
recopiant nombre de dépêches à l'adresse
des têtes couronnées de l'Europe, Alexandre traduit le *Fiesque* de Schiller et com-
pose une tragédie des *Gracques*.

Ces deux ouvrages n'obtiennent pas les
honneurs de la rampe.

L'auteur en découpa plus tard des
fragments, qu'il sut recoudre à *Henri III*

et à d'autres pièces, en homme qui comprend l'économie littéraire et qui sait tout utiliser.

Après les *Gracques* vient *Christine*.

Cette nouvelle tragédie semble destinée à une chance meilleure. Charles Nodier l'appuie de son patronage auprès du baron Taylor, commissaire royal au Théâtre-Français.

Dumas lit son œuvre; elle est reçue.

Mais presque aussitôt M. Taylor part en Orient à la recherche de l'obélisque. Les sociétaires capricieux profitent de la circonstance et refusent de mettre la pièce à l'étude. Alexandre jette les hauts cris. On convient de part et d'autre de s'en rapporter à la décision de Picard.

« — Avez-vous de la fortune? demande

au jeune tragique l'auteur de la *Petite Ville*.

« — Pas l'ombre, monsieur, répond Alexandre.

« — Quels sont vos moyens d'existence?

« — Une place de quinze cents francs[1].

« — Eh bien, mon ami, dit Picard, retournez à votre bureau. »

La sentence était cruelle, et, nous devons le dire, passablement injuste.

Reconnaissant combien il était pauvre, du côté de l'invention, M. Dumas avait adopté déjà le système d'emprunt le plus complet. *Christine* est faite avec les mémoires de la Grande Mademoiselle, et

---

[1] Les honoraires primitifs du commis au secrétariat avaient été augmentés.

Gœthe en a fourni les situations les plus
saisissantes.

Picard outrageait donc le génie de Gœ=
the en ayant l'air de mépriser la pièce
d'Alexandre Dumas.

Quant au drame de *Henri III*, que le
jeune auteur réussit, avec la protection du
duc d'Orléans, à faire représenter l'année
suivante à la Comédie-Française, il est
composé de rognures prises dans Anquetil[1], dans le journal de Pierre de l'Étoile[2],
dans Walter Scott[3] et dans Schiller. D'un
bout à l'autre de cette œuvre, il n'est pas
une conception, pas une péripétie, pas une

[1] Non-seulement M. Dumas emprunte à cet historien
ses plus fortes scènes, mais, ainsi que le remarque
Granier de Cassagnac, il pille jusqu'aux phrases.
[2] Tout ce qui concerne la mort de Saint-Mégrin s
retrouve là, mot pour mot, lettre pour lettre.
[3] M. Dumas a copié effrontément toute l'admirable
scène de la brutalité de Ruthwen.

scène que notre héros puisse revendi-
quer.

Nous tenons à en donner une preuve
convaincante, afin que tout d'abord on ne
nous accuse pas d'exagération.

SCHILLER (Don Carlos, acte II).	DUMAS (Henri III, acte IV).
SCÈNE IV.	**SCÈNE Iʳᵉ.**
DON CARLOS, UN PAGE.	ARTHUR, SAINT-MÉGRIN.
Don Carlos. — Une lettre pour moi?... Pour qui cette clef? Et toutes deux remises avec tant de mystère... Où t'a-t-on remis ceci?	Saint-Mégrin. — Cette lettre et cette clef sont pour moi, dis-tu? Oui... à M. le comte de Saint-Mégrin. De qui les tiens-tu?
Le Page. — Autant que j'ai pu le remarquer, la dame aime mieux être devinée que nommée.	Arthur. — Quoique vous ne les attendissiez de personne, ne pouviez-vous les espérer de quelqu'un?
Carlos. — La dame? Quoi! Comment? Qu'es-tu donc?	Saint-Mégrin. — De quelqu'un? Comment? Et qui es-tu toi-même?
Le Page. — Un page de Sa Majesté, de la reine.	Arthur. — Ne pouvez-vous reconnaître les armes de deux maisons souveraines?

CARLOS, *lui mettant la main sur la bouche.* — Tu es mort, silence! J'en sais assez. (*Il lit.*) Elle t'a elle-même remis cette lettre?

LE PAGE. — De sa propre main.

CARLOS. — Ne te joue pas de moi! Je n'ai rien lu écrit de sa main. Si c'est un mensonge, confesse-le avec franchise, et n'essaye pas de me tromper.

LE PAGE. — Vous tromper!

CARLOS *relit.* — « Cette clef ouvre les appartements derrière le pavillon de la reine... » Ce n'est point un rêve! ce n'est point un délire! Oui... voici ma droite, voici mon épée, voici des syllabes écrites en ce billet, tout cela est réel. Je suis aimé... je le suis... je suis aimé!

LE PAGE. — Prince, ce n'est pas ici le lieu... Vous oubliez...

SAINT-MÉGRIN. — La duchesse de Guise! (*Lui mettant la main sur la bouche.*) Tais-toi! je sais tout. (*Il lit.*) Elle-même t'a remis cette lettre?

ARTHUR. — Elle-même.

SAINT-MÉGRIN. — Jeune homme, ne cherche pas à m'abuser! Je ne connais pas son écriture... Avoue-le-moi, tu as voulu me tromper.

ARTHUR. — Moi, vous tromper!

SAINT-MÉGRIN. (*Il lit.*) — « L'appartement de madame la duchesse de Guise est au second, et cette clef en ouvre la porte... » C'est bien à moi, pour moi! Ce n'est point un songe... Ma tête ne s'égare pas... Cette clef, ce papier, ces lignes tracées, tout est réel!... Je suis aimé... aimé!...

ARTHUR. — A votre tour, comte, silence!

CARLOS. — Tu as raison, mon ami; je te remercie, je n'étais plus à moi-même. Que ce que tu as vu soit enseveli en ton sein comme en un cercueil. Tu es un enfant, sois-le toujours et continue à montrer la même gaieté. Qu'elle a été sage et prudente, celle qui t'a choisi pour un messager d'amour! Ce n'est pas là que le roi cherche de vils espions.

LE PAGE. — Et moi, prince, je suis fier de me savoir, par ce secret, au-dessus du roi lui-même.

CARLOS. — Vanité puérile et folle! C'est cela qui doit te faire trembler. S'il arrive que nous nous rencontrions en public, approche-toi de moi avec timidité et soumission. Que ta vanité ne t'entraîne jamais à faire remarquer que l'infant a de la bonté pour toi. Ce que tu auras désormais à me rapporter, ne le dis pas avec des mots, ne le confie point

SAINT-MÉGRIN. — Tu as raison, silence! Sois muet comme la tombe; oublie ce que tu as fait, ce que tu as vu; ne te rappelle plus mon nom, ne te rappelle plus celui de ma maîtresse. Elle a montré de la prudence en te chargeant de ce message; ce n'est point parmi les enfants qu'on doit craindre les délateurs.

ARTHUR. — Et moi, comte, je suis fier d'avoir un secret à nous deux.

SAINT-MÉGRIN. — Oui, mais un secret terrible, un de ces secrets qui tuent. S'il arrive que nous nous rencontriôns, passe sans me connaître, sans m'apercevoir. Si tu avais encore dans l'avenir quelque chose à m'apprendre, ne l'exprime point par des paroles, ne le confie pas au papier; un signe, un regard, me dira tout. Je devinerai le moindre

à tes lèvres: Parle-moi par tes regards, par tes signes; je saurai entendre en un clin d'œil. On vient... au revoir.

de tes gestes, je comprendrai ta plus secrète pensée. Sors, et garde que personne ne te voie.

Qu'en dites-vous, chers lecteurs?

Il y a dix ans, nous avons donné sur la représentation de *Henri III* et sur les circonstances qui la suivirent certains détails authentiques, dont la reproduction nous est permise.

On ne nous accusera point de plagiat.

Sur l'instante prière de son commis, le duc d'Orléans parut aux Français avec une suite nombreuse. Il n'en fallait pas davantage pour électriser toute une salle.

« A partir du troisième acte, ce ne fut plus un succès, ce fut un délire. Puis, lorsque Firmin reparut pour nommer l'auteur (on ne nomma ni Anquetil, ni Pierre de l'Étoile, ni Walter Scott, ni Schiller), le prince se leva lui-même, afin d'é-

couter debout et découvert le nom de son employé. »

Ceci avait lieu le 10 février 1829.

Bientôt après, M. Dumas échangea sa place
d'expéditionnaire contre une véritable siné-
cure à la bibliothèque du Palais-Royal, préve-
nance délicate pour l'homme de lettres, auquel
on laissait une pension sans entraver sa liberté,
sans rien lui faire perdre d'un temps précieux.

Or comment sut-il reconnaître tant de bien-
faits?

1850 arrive, moment d'éruption volcanique,
où des idées d'ambition et de gloire jaillissaient
de tous les cerveaux. Les palmes littéraires
de M. Dumas ne lui suffisent plus. Il convient
lui-même que, dès ce jour, *il ne vit plus
rien autre chose en ce monde que la politique, et qu'il oublia totalement la littérature.*

Une couronne vient de tomber au front du
prince qui nous protège, quelle heureuse
chance ! A nous les honneurs ! à nous les di-
gnités ! à nous le portefeuille de ministre !

Halte-là, monsieur Dumas! on ne compte
point ainsi sans son hôte.

Jusqu'alors le duc d'Orléans s'est montré
vis-à-vis de vous *bon et affable;* mais ce n'est
pas une raison pour que le roi Louis-Philippe
dépose entre vos mains les destinées de son
trône et de la France. Tudieu! comme vous y
allez, monsieur l'auteur dramatique! Les rois
de théâtre vous gâtent l'esprit; les sceptres
de bois et les couronnes de carton vous faus-
sent le jugement. Un portefeuille à vous,
Dumas! à vous, homme aimable sans doute,
bon compagnon, joyeux viveur; mais cerveau
brûlé, tête vagabonde, imagination folle,
allons donc! Ne courez plus ainsi à toute bride
sur le chemin de Bicêtre, mon pauvre ami!
Rappelez votre bon sens, chassez-moi bien
vite cette mauvaise pensée de ministère. Ah!
bon Dieu! si nous avions l'imprudence de vous
confier les rênes de l'État, nous tomberions
demain dans le premier trou venu. Juste ciel!
avez-vous juré de nous faire casser le cou?
Regagnez vos théâtres, Dumas; écrivez des
comédies, composez des romans; mais auprès

de nous vous tourneriez au tragique... Bonsoir !

Il est inutile de prévenir nos lecteurs que ce discours ne fut pas débité précisément dans les termes ci-dessus. On y mit plus de circonlocutions et de périphrases ; on essaya de faire comprendre à M. Dumas le ridicule de ses prétentions, la folie de ses espérances.

Mais il se boucha les oreilles et cria de toutes ses forces à l'injustice et au scandale.

Semblable à ce marmot ambitieux qui, voyant la lune au fond d'un seau d'eau, voulait absolument que sa bonne la lui donnât, M. Dumas s'obstine à ne pas détourner l'œil de l'objet de son espoir. Ce n'est qu'une image trompeuse, un songe creux, une ombre, un fantôme ; il est impossible qu'il n'aperçoive pas que la réalité se trouve à l'abri de ses atteintes ; n'importe, il exige, il commande, il menace, il fait du tapage, il veut son ombre, son fantôme, il veut la lune.

Et comme en dernier ressort, on refuse positivement d'accéder à ce désir baroque :

« Oh ! certes, après une révolution, s'écrie

M. Dumas, on doit haïr les hommes; mais, après
deux révolutions, on ne peut plus que les mépriser! »

Aussi déclare-t-il qu'il les méprise, et, là-
dessus, il abandonne brusquement la capitale
pour aller parcourir les régions vendéennes [1].

« C'était le cœur du parti royaliste, dit il; je
voulais en calculer les battements. Des cris de
Vive Charles X! m'accueillirent partout. Ce pays-
là du moins est un *pays loyal* et qui ne change
pas. »

Attrape, Louis-Philippe!
Que pensez-vous de ce coup de boutoir,
monseigneur? Vous me refusez quelques
rayons du soleil de votre nouvelle puissance;
votre employé se trouve exclu du partage des

---

[1] Il se fit donner une mission par la Fayette, afin
d'aller organiser dans ce pays la garde nationale.
Après avoir bien dîné et bien chassé aux environs de
Nantes, il revint à Paris déclarer, d'un ton d'oracle,
que cette organisation était impossible. Pour mieux le
prouver, il publia dans la *Revue des Deux-Mondes* la
Vendée après le 29 juillet.

grâces; vous lui battez froid, vous lui tournez
le dos, vous l'empêchez de goûter aux dragées
de votre baptême royal... Vertu de ma vie!
Tenez-vous bien, sire; cramponnez-vous soli-
dement à votre trône... ou, corbleu! nous
allons voir!.

Et M. Dumas menacé du poing son protecteur.

Pendant les trois jours, si nous l'en croyons,
il avait quitté la plume pour le fusil; mais, le
fusil n'étant plus de mode, il reprit la plume,
et se mit à écrire un drame en six actes et en
dix-neuf tableaux, intitulé : *Napoléon Bonaparte, ou Trente ans de l'histoire de France.*

Était-ce un crime, nous demanderez-vous,
de célébrer la plus radieuse de nos gloires?
Dieu nous garde de jeter en avant un tel blasphème.

Si M. Dumas s'était posé franchement vis-
à-vis du nouveau roi, s'il avait tout d'abord
fait acte d'opposition, s'il n'avait pas aussi
grossièrement montré le bout de l'oreille,
nous serions loin de lui adresser le moindre
reproche.

Mais suivez bien sa marche.

Après le combat, il se montre dans les salons du Palais-Royal. C'est alors qu'il se plaint avec amertume que Louis-Philippe, *si populaire envers tout le monde, n'eut pour lui que de la froideur*. C'est alors qu'il s'écrie : *On ne peut plus que mépriser les hommes!* C'est alors qu'il part pour la Vendée, *ce pays loyal qui ne change pas;* et, quand il rentre à Paris, *ceux qu'il a laissés près du roi ont de nouveaux titres et des appointements doubles.*

Aïe! maladroit que vous êtes!

Çà, voyons, convenez avec nous d'une chose : pour engager Louis-Philippe à ne plus se mé-fier de l'inconstance de votre caractère, vous n'avez rien trouvé de mieux que d'arborer successivement trois drapeaux hostiles, afin d'obtenir par la crainte ce qu'on refusait à l'insinuation. Vous vous êtes fait tour à tour royaliste, bonapartiste et républicain.

Royaliste... car on pouvait raisonner de la manière suivante : — Est-il vrai que cet étour-neau de Dumas soit allé se fourrer en pleine

Vendée?. Diable! prenons-y garde. Le gail-
lard a la tête chaude. Il suffit d'une étincelle
pour allumer là-bas un foyer d'insurrection.
Rappelons-le sur l'heure et donnons-lui ce
qu'il demande.

Bonapartiste..., Ah! ceci, par exemple,
était plus adroit. — Peste! vous l'oubliez,
sire, il est de par le monde certain héritier
d'un grand nom[1], qui peut venir, appuyé
sur la gloire paternelle et soutenu par l'enthousiasme du pays, réclamer ses droits au
sceptre qu'on vous a donné trop vite. Or, je
vais faire sonner bien haut cette gloire, je
vais chauffer cet enthousiasme. Pourquoi le
fils de Napoléon n'aurait-il pas hérité du génie de son père? Qui vous assure qu'il n'a pas
aussi le coup d'œil de l'aigle, qu'il ne saura
pas manœuvrer l'épée du conquérant, qu'il
ne fera pas une seconde fois de la France la
reine du monde? Eh! eh! voici qui devient
dangereux, sire! Franchement, je vous con-
seille d'empêcher la représentation de mon
drame.

[1] Le duc de Reischtadt vivait encore.

Républicain... Ceci est le dernier saut de
carpe. M. Dumas ne pouvait plus être autre
chose. En vérité, c'est dommage! Comme le
roi ne veut plus le recevoir, il se dispose à lui
écrire. D'abord le nouveau Brutus s'affuble
de la toge romaine et se place le bonnet
rouge, en tapageur, sur l'occiput. Dans ce
gracieux accoutrement, il saisit la plume et
trace, d'une main courageuse et d'une écriture trop lisible, ces lignes à jamais ineffaça-
bles :

« Sire, il y a longtemps que j'ai écrit et im-
primé que, chez moi, *l'homme littéraire* n'était
que la préface de *l'homme politique.* »

Ici, M. Dumas réfléchit un instant et se
caresse le menton. La phrase est assez joli-
ment tournée; mais il faut y joindre une menace et le foudroyant aveu de ses doctrines
radicales. Quand il aura montré les dents
d'une manière aussi franche, il est impossible
qu'on ne lui jette pas... un ministère, pour
l'empêcher de mordre. Voici la menace :

« L'âge auquel je pourrai faire partie des mem-

bres d'une Chambre régénérée se rapproche pour
moi. J'ai la certitude, le jour où j'aurai trente ans,
d'être nommé député; j'en ai vingt-huit, sire. »

Ce cher M. Dumas n'est point heureux dans
ses prophéties. Maintenant écoutons la pro-
fession de foi :

« Sire, le dévouement aux principes passe
avant le dévouement aux hommes. Le dévouement aux principes fait les la Fayette; le dévouement aux hommes fait les Rovigo. Je supplie
Votre Majesté d'accepter ma démission. »

De bibliothécaire.

Hélas! le républicanisme de notre homme
fit un four complet, comme son royalisme,
comme son bonapartisme. La boîte aux dragées refusa constamment de s'ouvrir.

Alors notre gourmand, désappointé, se
change en hydrophobe; nous l'entendons s'é-
crier, dans les transports d'une irritation fou-
gueuse :

« Rois et citoyens sont égaux devant le poëte.
Il soulève le linceul des morts, il arrache le masque des vivants, il fustige le ridicule, il stigma-

tise le crime. Sa plume est tantôt un fouet,
tantôt un fer rouge. *Malheur donc à ceux qui
méritent qu'il les fouette! Honte et malheur à
ceux qui méritent qu'il les marque!* »

C'est vous, cher monsieur Dumas, qui
avez écrit ces lignes terribles. Jugez de la
puissance qu'elles nous donnent.

Évidemment le désespoir seul de ne
pas mordre au friand gâteau politique a
reporté votre appétit vorace sur la maigre
galette littéraire. Il est bon de savoir que
vous n'avez pris définitivement les lettres
pour maîtresses qu'après avoir échoué
dans d'autres amours, ce qui nous expli-
que le sans-façon brutal avec lequel vous
traitez les malheureuses.

Il nous faut revenir à 1829 et suivre
notre homme dans sa vie d'écrivain.

Henri III rapporta cinquante mille
francs à son auteur.

Les héritiers de Schiller, de Walter
Scott, de Pierre de l'Étoile et d'Anquetil
n'entrèrent pour rien dans le partage de
cette somme.

Donnant un libre essor à ses instincts
de mercantilisme, Alexandre Dumas s'em-
pressa de collaborer à une parodie de sa
pièce [1], afin d'en augmenter les produits.

Nous le voyons se livrer alors aux dou-
ceurs de sa nouvelle fortune. Il quitte son
modeste domicile du faubourg Saint-De-
nis, s'installe, rue de l'Université, dans un
logement splendide, et mène vie joyeuse [2].

---

[1] Cette parodie avait pour titre : le *Roi Pétaud*.

[2] « Comme étourdi de son passage subit de l'obscurité à la gloire, M. Alexandre Dumas, dit Loménie, se
plonge avec ardeur dans un luxe exagéré; il porte des
habits fantastiques, des gilets éblouissants, abuse de
la chaîne d'or, donne des dîners de Sardanapale, crève
une grande quantité de chevaux, et aime un grand
nombre de femmes. »

En attendant, la tragédie de *Christine*
était toujours dans les cartons de la Comédie-Française.

L'auteur la transforme en un drame
romantique versifié, la porte outre-Seine,
et réussit à la faire jouer à l'Odéon.

Cette fois, il ne se contente pas de piller
les auteurs morts, il dévalise les auteurs
vivants et *emprunte* les vers par centaines, soit à Victor Hugo, soit à Alfred de
Vigny, soit à une foule d'autres. Nous ne
citerons qu'un exemple entre mille :

VICTOR HUGO, *Hernani*, IVe acte :

Oui, dusses-tu me dire avec ta voix fatale
De ces choses qui font l'œil sombre et le front pâle,
Parle..., etc.

DUMAS, *Christine*, acte 1er :

Tu m'en veux, et pourtant c'est ton amour fatale
Qui m'a rendu l'œil sombre et m'a fait le front pâle.

Quand la poésie, dans cette œuvre, n'est

prise à personne, elle est détestable, témoin les vers suivants :

Comme au haut d'un grand mont le voyageur lassé
Part tout brûlant d'en bas, puis arrive glacé;
Sans qu'un éclair de joie un seul instant y brille,
User à le rider son front de jeune fille;
Sentir une couronne en or, en diamant,
Prendre place, à ce front, d'une bouche d'amant.

« Un voyageur, dit Loménie, qui, au
haut d'un grand mont, part tout brûlant d'en bas; une couronne qui prend
place à un front d'une bouche, voilà,
certes, un atroce jargon. Il y a dans *Chris-*
tine une douzaine de tirades aussi bar-
bares. »

Ce drame était dédié au duc d'Orléans,
qui n'avait pas encore le diadème, et qui
essaya, mais en vain, d'obtenir de Charles X le ruban rouge pour l'auteur.

C'est M. Dumas qui nous certifie la chose.

A trois ou quatre mois de là, resté sous l'impression de ce refus désobligeant du chef de la branche légitime, notre héros voit paraître les ordonnances.

« — Joseph ! crie-t-il à son domestique, allez chez mon armurier ; rapportez-en mon fusil à deux coups et deux cents balles du calibre vingt. »

Deux cents balles, Jésus ! combien veut-il tuer d'hommes ?

Un volume tout entier des *Mémoires* d'Alexandre Dumas est consacré au récit de son héroïsme pendant les trois jours.

Nous ne lui chercherons pas la moindre querelle à cet égard.

Qu'il tranche du Renaud ou du Tancrède, qu'il prétende avoir affronté la mi-

traille au pont d'Arcole, qu'il ait pris ou
non le Musée d'artillerie, qu'il ait fait le
coup de feu contre les Suisses du Louvre,
embusqué derrière un des lions de l'Institut, peu nous importe. Cela est écrit.
Nous laissons chaque lecteur à ses appré-
ciations.

D'autres que nous peuvent rechercher
si M. Dumas est capable de fanfaronnade
ou de vantardise.

Toujours est-il que la décoration de
Juillet lui fut accordée, ce qui prouve au
moins que la Fayette était de ses amis.

Voyant que Louis-Philippe s'obstinait à
ne pas l'honorer d'un portefeuille, Alexandre, comme il a été dit plus haut, lui joua
le tour pendable de composer un drame
intitulé *Napoléon Bonaparte*.

Ici commence la collaboration occulte.

M. Dumas fait travailler les hommes de lettres ses confrères, et s'attribue toute la gloire du travail.

Seul, il signe le *Napoléon,* quand Cordelier-Delanoue en est avec lui, et plus que lui, l'auteur.

Seul, il signe *Charles VII,* dont Gérard de Nerval et Théophile Gautier lui ont livré les cinq actes au grand complet [1].

Seul, il signe *Antony,* pièce due à la collaboration d'Émile Souvestre.

Chez Victor Hugo, Dumas avait eu communication du manuscrit de *Marion Delorme,* retenu par la censure. Involontairement, sans doute, il donna le caractère de Didier à son héros. Antony, bâtard comme Didier, misanthrope comme Didier,

[1] Jadis nous ignorions ce détail, et nous ne l'avons pas mentionné dans la brochure publiée en 1845.

meurt sur l'échafaud comme Didier doit
y mourir, et, quand l'interdit de *Marion
Delorme* fut levé par le ministère, il se
trouva que Victor Hugo semblait avoir copié *Antony*.

Effrayé du scandale qui allait naître,
Alexandre Dumas cherche à le prévenir en
toute hâte, et déclare dans la *Revue des
Deux-Mondes*, en affectant un style aussi
courtois que possible, que, s'il y a un
plagiaire, *ce doit être lui*[1].

Chose étrange, et que jamais nous
n'eussions osé dire, Antony, sombre ma-
niaque, fou furieux, sorte de bête rugis-
sante, était le portrait vivant de M. Dumas
à cette époque.

« Lisez *Antony*, dit-il ; ce que j'ai souffert,

[1] Voir Quérard, *Supercheries littéraires*, tome 1er.

c'est Antony qui vous le racontera. Antony, c'é-
tait moi, moins l'assassinat. »

Voilà, certes, une confession curieuse.
Mais passons.

Anicet Bourgeois ayant fait avec l'auteur
de *Henri III* le drame de *Teresa*, Dumas
signa seul sur l'affiche. Les deux scènes
les plus remarquables de l'œuvre sont co-
piées textuellement dans Schiller, l'une
dans la *Conjuration de Fiesque*, l'autre
dans les *Brigands*. Ces hardis emprunts
doivent représenter la part exclusive de
M. Dumas dans la collaboration.

Teresa est le pendant d'*Antony* comme
mise en scène impudente de l'adultère.

Seulement on y ajoute l'inceste comme
fioriture.

M. Dumas semble éprouver une joie
cynique à déifier ces deux crimes, et à les

populariser sur les planches, dans le plus
grand intérêt des mœurs de son siècle.

Nous arrivons à l'histoire de la *Tour
de Nesle*.

Présenté par M. Gaillardet, son auteur,
à la Porte-Saint-Martin, ce drame est
trouvé remarquable comme sujet, mais
vicieux comme facture.

Harel prie Jules Janin de le refondre.

Le prince des critiques garde l'œuvre
deux mois, et les changements qu'il y
opère la rendent plus mauvaise encore : le
métier de ce diable de Jules consiste uni-
quement à *éreinter* les pièces ; jamais il
n'a su en faire.

Dans cette extrémité, le directeur appelle
Dumas.

Notre célèbre dramaturge prend le ma-

nuscrit, coupe, taille, rogne, et fait jouer
la pièce sons son nom[1].

Gaillardet se fâche.

On porte l'affaire au Palais de Justice.
Des arbitres apprécient la nature des travaux de chacun, et les juges décident que
Gaillardet signera. L'affiche remplace le
nom du premier signataire par trois étoiles[2].

Ainsi, de tout ce qui précède, il résulte
que jamais M. Dumas n'*invente*.

Son unique talent consiste dans la manière dont il coordonne les choses trouvées
par ses collaborateurs. Il élève sa char-

[1] « Évidemment, dit Granier de Cassagnac, M. Dumas a travaillé à cette pièce, car on y retrouve tout
entière une scène de Gœthe, une de Lope de Vega, et
une de Schiller. »

[2] Un duel suivit le procès. Personne ne fut tué.

pente avec les matériaux d'autrui; rien,
absolument rien, ne lui est propre.

Il y a, disions-nous à l'époque de notre
première étude sur l'homme, un certain mérite à être *arrangeur;* mais c'est à condition
qu'on n'*arrange* que ses propres richesses.
Et tenez, voici le capitaine d'un brick flibus-
tier qui vient de prendre un navire marchand
à l'abordage. Ce capitaine est un garçon fort
aimable; il n'égorge pas les matelots qui
rendent les armes... Comment donc, au contraire! il leur verse du rhum de sa propre
main pour les aider à se remettre des fatigues
du combat. Mais il n'en fait pas moins transporter sur le pont de son brick et descendre
à fond de cale une infinité de ballots précieux,
qu'il a soin de placer lui-même dans un ordre
convenable. Dieu! l'honnête homme! comme
il *arrange* bien!

M. Dumas continua de signer seul *An-
gèle* et *Catherine Howard* [1], deux drames

¹ *Don Juan de Marana*, sorte de mystère en cinq

faits avec Anicet Bourgeois; — *Kean,* comédie faite avec MM. Théaulon et Frédéric de Courcy; — *Piquillo,* opéra-comique fait avec Gérard de Nerval; — *Caligula,* tragédie faite avec Anicet Bourgeois[1]; —

actes (vers et prose), d'une forme brutale, maladroite et pleine d'archaïsmes, représenté à la Porte-Saint-Martin après *Catherine Howard,* passe pour avoir été écrit sans collaborateur; mais il est tiré de pied en cap d'une nouvelle de Mérimée qui a pour titre les *Âmes du purgatoire.* Une autre pièce, **Paul Jones,** n'est également due à aucune plume étrangère, mais elle est faite avec le roman du *Capitaine Paul,* signé Dumas et calqué sur le *Pilote* de Cooper. On a demandé souvent pourquoi cette pièce avait été donnée à un théâtre de troisième ordre. Voici le mot de l'énigme : **Paul Jones** fut déposé, comme garantie d'un prêt d'argent, entre les mains de M. Porcher, chef de claque. Celui-ci, n'étant point remboursé à l'époque convenue, porta le drame à Théodore Nezel, son gendre, directeur de la petite salle du Panthéon.

[1] Pièce déplorable au point de vue de la forme poétique, et après laquelle M. Dumas eut l'aplomb de se faire décerner par ses amis une médaille commémorative de la *renaissance* de la tragédie. Le prologue seul de cette œuvre a du mérite, et l'on assure que Gérard de Nerval en est l'auteur.

4

Mademoiselle de Belle-Isle, faite avec le comte de Waleski ; — l'*Alchimiste*, fait avec Gérard de Nerval; — puis cinq pièces en collaboration avec MM. Leuven et Brunswick , savoir : *Un Mariage sous Louis XV* [1], — *Lorenzino* [2], — le *Laird de Dumbicky*, — *Une Fille du Régent* — et les *Demoiselles de Saint-Cyr*.

Après la représentation de cette dernière pièce à la Comédie-Française, Janin se permit sur l'œuvre une critique assez verte.

Indigné de cet excès d'insolence, l'auteur attaqué riposte et traite l'Aristarque de haut en bas.

Or celui-ci ne se tient pas pour battu.

[1] Tiré du meilleur roman d'Alphonse Brot.

[2] Tiré du *Spectacle dans un fauteuil* d'Alfred de Musset.

Un second article met les rieurs de son
côté. Dumas jette feu et flamme. Il jure
qu'il tuera Janin.

Ses témoins se dirigent aussitôt vers la
rue de Vaugirard. Les pourparlers durent
trois semaines. Enfin le duel se décide.

Voilà nos hommes sur le terrain.

Dumas, qui a le choix des armes, pro-
pose l'épée.

— Non vraiment, dit le critique, c'est
impossible. Je connais une botte secrète
qui, du premier coup, vous étendrait roide
mort. Je demande le pistolet, par généro-
sité pure.

— Oh! oh! le pistolet! Vous êtes fou,
mon cher monsieur Janin! s'écrie Dumas.
Je suis de force à tuer une mouche à quarante pas, et vous êtes plus gros qu'une
mouche.

Assurés qu'ils ont l'un et l'autre un moyen infaillible de se coucher sur la poussière, nos écrivains ne se battent point.

Ils se font mutuellement des excuses et s'embrassent comme deux frères qui auraient dû toujours s'estimer et se chérir.

Ce dénoûment pacifique était prévu.

Plus d'une fois, il arriva que les collaborateurs d'Alexandre Dumas se révoltèrent contre sa prétention constante à les éteindre. Certains d'entre eux menaçaient de renouveler le scandale de la *Tour de Nesle*.

— Eh bien, leur dit le grand homme, signons chacun une pièce à tour de rôle.

Mais, hélas! par un hasard inexplicable, toutes les œuvres auxquelles les malheu-

reux attachèrent leur nom furent mal ac-
cueillies du public [1]

Si M. Dumas fut obligé parfois à des
concessions sur le terrain dramatique, il
prit une large revanche dans le domaine
du roman.

Commençons par signaler quelques-uns
de ses plus audacieux plagiats.

[1] Le *Mari de la veuve*, le *Fils de l'émigré*, et la *Vénitienne*, signés par Anicet Bourgeois tout seul, n'eurent aucune réussite, — non plus que le drame de *Bathilde*, signé par Auguste Maquet, — non plus que le *Mariage au tambour*, *Louise Bernard*, le *Garde forestier*, et *Un Conte de fées*, signés par MM. Leuven et Brunswick. *Léo Burckard*, signé par Gérard de Nerval, — le *Marquis de Brunoy*, signé par MM. Théaulon et Jaime, — *Jarvis l'honnête homme*, et le *Séducteur et le Mari*, signés par Charles Lafont, — *Sylvandire*, signée par Leuven et Vanderburck, — *Echec et mat*, signé par MM. Octave Feuillet et Paul Bocage, — et *Jeannic le Breton*, signé par M. Eugène Bourgeois, eurent le même sort. M. Dumas laissa perpétuellement les chutes à ses collaborateurs. Simple affaire de chance!

Son livre de *Jacques Ortis* est la traduction pure et simple des *Ultime littere*
di Jacopo Ortis, par Ugo Foscolo. M. Dumas se contente de changer de temps à
autre un verbe ou un adjectif.

Les *Aventures de John Davy* sont em-
pruntées à la *Revue Britannique*.

Gaule et France est un ouvrage copié
dans Augustin Thierry et dans les *Études*
historiques de Chateaubriand. Le hardi
plagiaire prend tout, le plan, le ton, les
pages. Il ne se donne pas la peine d'inter-
vertir l'ordre des propositions et de changer dix mots.

Semblable chose est impossible à croire,
si on ne la voit pas. Nous allons, en conséquence, la montrer à nos lecteurs.

AUGUSTIN THIERRY.	DUMAS.
(Lettres sur l'Histoire de France.)	*(Gaule et France.)*
Le roi jugea prudent d'aller passer la nuit dans le palais épiscopal; le lendemain, au point du jour, il quitta la ville avec ses gens. (Page 588.)	Le roi n'osa, cette nuit-là, coucher ailleurs que dans le palais épiscopal, et le lendemain, à la pointe du jour, il quitta la ville avec sa suite. (Page 220.)
L'un des conjurés, croyant le moment favorable pour le meurtre, sortit de dessous une espèce de voûte sombre, en criant à haute voix : Commune! commune! (Page 228.)	L'un des conjurés, s'imaginant que l'heure était venue d'exécuter le meurtre, sortit d'une voûte sombre et basse, et se mit à crier à haute voix : Commune! commune! (Page 222.)
Le peuple s'accoutuma à la regarder (la monarchie parlementaire) comme le défenseur de ses droits. Elle joua un rôle indépendant au temps de la Fronde, disparut dans la monarchie absolue de Louis XIV, fut brisée sous Louis XV, rétablie sous Louis XVI, et servit au rappel des états généraux. (Page 329.)	Le peuple s'accoutuma à voir en lui (le parlement) son représentant. Il joua un grand rôle dans la Fronde, s'effaça dans la monarchie absolue de Louis XIV, fut cassé sous Louis XV, rétabli sous Louis XVI, et du dernier acte de sa puissance émana le rappel des états généraux. (Page 315.)

Accusons-nous, oui ou non, preuves en mains? Peut-on nous soupçonner de mensonge et nous traiter de calomniateur?

Donnons à présent un spécimen des emprunts de M. Dumas à Chateaubriand:

CHATEAUBRIAND.	DUMAS.
(Études historiques.)	(Gaule et France.)
Ils abordaient.... les uns à pied, les autres à cheval ou en chariots, les autres traînés par des cerfs; ceux-ci portés sur des chameaux, ceux-là flottant sur des boucliers ou sur des barques. (Page 158.)	Voici les barbares... les uns à pied, les autres à cheval, ceux-ci sur des chameaux, ceux-là sur des chars traînés par des cerfs; les fleuves les charrient sur des boucliers, la mer les apporte sur des barques. (Page 7.)
Les maisons de Carthage étaient des maisons de prostitution. Des hommes erraient dans les rues, couronnés de fleurs, habillés comme des femmes, la tête voilée, et vendant aux passants leurs abominables faveurs. Genséric arrive : au	Genséric marche vers Carthage la prostituée, où les hommes se couronnent de fleurs, s'habillent comme des femmes, et, la tête voilée, arrêtent les passants pour leur offrir leurs monstrueuses faveur... Il arrive : au dehors le fracas

dehors le fracas des armes, au dedans le bruit des jeux; la voix des mourants, la voix d'une populace ivre se confondent. (Page 174.)

Alaric ne survécut que peu. Les Goths détournèrent les eaux du Busentum; ils creusèrent une fosse au milieu de son lit desséché, et y déposèrent le corps de leur chef avec une grande quantité d'argent et d'étoffes précieuses; puis ils remirent le Busentum dans son lit, et un courant rapide passa sur le tombeau. Les esclaves employés à cet ouvrage furent égorgés. (Page 105.).

des armes, au dedans le bruit des jeux; ici la voix des chanteurs; là-bas les cris des mourants. (Page 9.)

Alaric meurt. Les soldats détournent le cours du Busento, font creuser une fosse pour leur chef au milieu de son lit desséché, y jettent sur lui de l'or, des étoffes précieuses; puis ils ramènent les eaux du Busento, dans leur lit; le fleuve passe sur le tombeau. Ils égorgent jusqu'au dernier des esclaves employés à l'œuvre funéraire. (Page 12.)

Nous demandons à ne pas poursuivre. Devant de pareils témoignages, on reste confondu.

Le *Capitaine Aréna*, signé Dumas, contient la reproduction d'une délicieuse nouvelle de la *Revue Britannique*, ayant pour titre *Térence le Tailleur*.

Albine a été servilement traduite d'un roman d'outre-Rhin.

Filles, Lorettes et Courtisanes est une œuvre pillée, chapitre par chapitre, dans les *Fêtes de la Grèce*, livre paru en 1824.

Les *Mémoires d'un médecin* ne sont que la refonte d'un roman du même titre que la *Revue Britannique* venait de donner à ses lecteurs.

Arrêtons-nous, car, en vérité, cent pages ne suffiraient pas à publier la liste de ces insolentes déprédations.

M. Dumas va passer à d'autres exercices.

Les journaux lui achètent tous ses livres; il ne suffit plus aux demandes nombreuses des éditeurs. Pourquoi ne pas donner à sa fabrique une extension nouvelle?

Il prend vingt travailleurs, copistes impudents,
Chargés de rajeunir les plus vieux incidents;
Et, quand avec l'esprit, le style de Brantôme,
En un jour ils ont fait ce qu'il faut pour un tome,
Vite, ainsi qu'un Pradier, payant ses ébaucheurs,
Le maçon, sans revoir l'œuvre de ses gâcheurs,
Sur le cahier, malgré les fautes d'orthographe,
Pose avec majesté son flamboyant paraphe.

Ce coup de fouet de l'*Anti-Némésis*, appliqué à M. Dumas en plein visage, a pu le faire rugir, mais ne lui a point donné le regret de ses torts.

Son atelier s'organise.

Tous les ouvriers de la plume sont à la besogne. Les intrigues se filent et les romans se charpentent.

— Çà, qu'on se dépêche! Dix libraires m'ont payé d'avance, et j'ai quarante volumes à fournir. Le *Siècle* m'annonce à grand orchestre,

la *Presse* est à mes trousses, les *Débats* me
tarabustent, la *Démocratie pacifique* hurle,
la *Patrie* m'accuse de la trahir. Tous ces
gens-là réclament les fournitures promises et
me placent le poing sous la gorge pour avoir
du manuscrit. Brochez, brochez vite! On n'aura
garde de se plaindre. Le Dumas a cours sur
la place. Nous pouvons débiter de la pacotille
et vendre de la contrebande : il n'y a pas de
danger que le *Commerce* la refuse!

Et chaque ouvrier s'empresse d'accom-
plir sa tâche.

Le Napolitain Fiorentino livre au patron le manuscrit du *Corricolo* et celui du
Speronare.

Paul Meurice apporte *Ascanio,* —
Amaury, — les *Deux Diane.*

Mallefille écrit *Georges* d'un bout à
l'autre et le laisse signer DUMAS.

Auguste Maquet, le plus fécond de ces

artisans littéraires [1], fournit à lui seul cinquante volumes : le *Chevalier d'Harmental*, — les *Trois Mousquetaires*, — *Vingt ans après*, — le *Vicomte de Bragelonne*, — *Sylvandire*, — le *Comte de Monte-Christo* [2], — la *Guerre des femmes*, — la *Reine Margot*, — *Une Fille du régent*, livre que nous avions jadis attribué par erreur à M. Couailhac, — le *Bâtard de Mauléon*, — le *Chevalier de Maison-Rouge*, — et la *Dame de Montsoreau*, c'est-à-dire tous les livres qui ont posé

[1] Quérard doit très-prochainement autographier une lettre précieuse, où M. Maquet lui-même donne la liste de tous les romans qu'il a fabriqués, et sur lesquels Alexandre Dumas a mis frauduleusement son estampille.

[2] Les meilleurs épisodes de ce livre sont copiés textuellement dans les *Mémoires tirés des archives de la police*, par J. Peuchet. La *Roue de la fortune*, de M. A. Arnould, a servi à compléter l'histoire de Morel. (Quérard, *Supercheries littéraires.*)

M. Dumas, dans ce siècle, comme un pro-
dige de conception, comme un auteur
dont la fécondité n'a point d'égale.

On nous raconte une anecdote publiée
dans le *Journal de Saint-Pétersbourg*.

Hippolyte Auger, l'un des ouvriers
d'Alexandre Dumas, trouvant que le célèbre brocanteur littéraire ne lui payait que
médiocrement sa besogne, alla chercher
fortune en Russie. Le libraire Bellizard,
qui éditait à Saint-Pétersbourg une *Revue*
en langue française, reçut la visite de notre
homme de lettres.

— Monsieur, dit celui-ci, je me nomme
Hippolyte Auger. Comme vous publiez, en
ce moment, *Olympe*, un roman de moi,
j'ai cru pouvoir venir vous faire mes offres
de service.

— Pardon, répondit l'éditeur de la

Revue; je ne connais, monsieur, ni vôtre nom ni le roman d'*Olympe.*

— C'est juste... Alexandre Dumas signe mon livre, dont par moi-même je n'aurais tiré sans doute que fort peu de chose, et il a changé le nom d'*Olympe* en celui de *Fernande.*

Le libraire fit un geste où le doute se mêlait à la surprise.

— Oh ! croyez-le bien, monsieur, je ne vous en impose pas, reprit Hippolyte Auger. Pour mieux vous convaincre, lisez cette lettre que je reçois de Dumas. Il me réclame la fin du roman. Je ne l'ai pas encore écrite, et Buloz, me dit-il, n'aime pas que la publication d'un livre chôme.

Ainsi, de la première ligne à la dernière, *Fernande* appartient à Hippolyte Auger.

M. Dumas, — c'est un fait avéré, patent, reconnu, — signe les œuvres d'autrui, et nous ne craignons pas de redire à haute et intelligible voix ce que nous disions en 1845 :

Si l'exploitation dans le domaine de la matière est odieuse, comment doit-on la qualifier, lorsqu'elle s'étend au domaine de l'intelligence?

L'intelligence! cette portion de lui-même que le Seigneur a mise en nous, ce don céleste, ce rayonnement de l'essence divine! l'intelligence, c'est-à-dire notre âme, notre esprit, nos facultés, tout ce qui fait l'homme, tout ce qui est à lui, bien à lui, lors même qu'il naît esclave; l'intelligence! voilà ce que vous exploitez, monsieur Dumas; vous osez porter la main sur ce feu du ciel; Prométhée stupide, vous ne craignez pas la foudre!

A vos côtés sont des hommes que vous avez dû rencontrer, un jour, sous la griffe de la misère; car il est impossible qu'ils aient

fait avec vous un pacte qui les souille, sans y
être poussés par les angoisses du désespoir,
par les tortures de la faim. Ces hommes, vous
les avez raccolés, vous avez dit à chacun d'eux :
Tes entrailles crient, tu as froid, tu n'as point
d'asile ? tiens, voici de la nourriture, voici des
vêtements; à l'avenir tu ne manqueras plus de
refuge. Mais, en échange du pain que je te
donne et des habits dont je te couvre, à moi
ton esprit, à moi ton intelligence. Je soigne
ton corps, livre-moi ton âme!

Ceux qui défendent M. Dumas, — car il y
a des gens qui le défendent, — osent objecter
que les peintres, les sculpteurs, font aussi travailler leurs élèves, et que cependant les œuvres sont toujours signées du maître.

Sottise et paradoxe!

Il y a dans la peinture et dans la sculpture
une partie essentiellement matérielle, qui
n'existe en aucune façon dans les travaux littéraires, à moins qu'on ne tienne compte de
la besogne du copiste, et nous sommes à peu
près sûr que les collaborateurs de M. Dumas
se révolteraient énergiquement contre celui
qui les traiterait de *copistes*.

5

Un livre n'a que deux choses; le fond et la forme, la conception et le style.

Dans les arts, au contraire, la partie matérielle du travail laisse des traces fort visibles. Les élèves de Raphaël qui travaillèrent à la belle toile de la *Transfiguration*, les élèves de Michel-Ange qui travaillèrent à la *Chapelle Sixtine*, les praticiens de tous les maitres en sculpture, ont prêté leur labeur sans toucher à la pensée créatrice. Qu'ils aient couvert une toile de ces premiers plans de coloris, forme insignifiante qu'anime ensuite le souffle du maitre, il n'y a aucune comparaison à établir avec ce qui se passe dans les lettres.

Et voyez la différence!

Raphaël a pu emprunter la craie de Jules Romain pour transporter son carton sur la toile. Ce carton, dépositaire de la pensée du maitre, est dans les arts ce que le plan d'un livre est dans les lettres. Or M. Dumas, au cas où il se bornerait à acheter des plans, serait tout au plus, vis-à-vis du vendeur, ce que Jules Romain était vis-à-vis de Raphaël.

Ajoutons que, dans les lettres beaucoup

plus que dans les arts, la pensée première
constitue l'œuvre véritable.

On peut avoir le don du coloris ou le don des
lignes, et être un grand artiste; mais sans la
conception, sans l'étincelle créatrice, sans
l'idée, le poëte ressemble à ces ouvriers tisse-
rands qui rencontrent sous leurs doigts les
fleurs les plus éclatantes d'un cachemire, sans
se douter du mystère qui les fait éclore.

Enfin les grands maîtres en peinture n'ont
jamais exercé leurs élèves en vue de la pro-
duction; ils les faisaient travailler en vue de
l'étude.

Durant les saintes veilles de ces laborieux
enfants d'une école, le maître ne comptait
point l'or que chaque heure de travail pouvait
amener, mais les éclairs de génie que chacun
de ses regards faisait luire sur le front de l'é-
lève.

Profanes, ne confondez point l'exploitation
avec l'initiation!

De toutes les écoles d'Italie sont sortis des
maîtres et des chefs-d'œuvre. Que sortira-t-il
de l'usine littéraire de M. Dumas? de la honte

pour lui, de l'épuisement et de l'obscurité
pour les autres.

Raphaël enseignait à Jules Romain le sen-
tier qui mène aux cimes de l'inspiration;
M. Dumas ne montre à ses travailleurs que la
route qui descend aux abîmes.

Raphaël prêchait à ses élèves le dogme de
l'idéal et les pieux mystères de la beauté ab-
solue; M. Dumas apprend aux hommes de lettres qu'il exploite à se moquer des pruderies
de la Muse, et ne se les rend féconds et fidèles
qu'à force de les corrompre.

Résumons-nous.

Les maîtres, dont on allègue ici les tradi-
tions d'atelier, donnaient le génie à leurs élèves en échange de quelques coups de brosse ou
de pinceau, qui servaient à dégrossir une œuvre; M. Dumas ne donne qu'un peu d'or, en
échange d'une âme qu'il absorbe tout entière.
Ses collaborateurs sont les Raphaël; le copiste, le dégrossisseur (forgeons le mot), c'est
lui.

S'il y a des élèves en peinture, il n'y a dans
les lettres que des collaborateurs, qui sont

tous forcément sur le pied d'une égalité par-
faite. Où cette égalité cesse, la morale reçoit
une grave atteinte.

En peinture, c'est l'enseignement; en littérature, c'est le vol.

M. Dumas signant les œuvres des hommes
de lettres dont il s'entoure, c'est Horace Vernet signant un tableau d'Eugène Delacroix;
c'est Bosio signant un groupe de Pradier;
M. Dumas puisant dans la pensée de Shakspeare, de Gœthe, de Schiller, c'est Paul Dela-
roche transportant sur une de ses toiles le
Crucifiement du Guide.

Nous prions le lecteur de nous pardon-
ner cette longue thèse.

Les détails biographiques ne perdront
rien à ce que nous croyons devoir reproduire, dans l'intérêt de la moralité littéraire et pour la justification de nos atta-
ques.

Devenu riche avec le travail des autres,

le grand fabricant de livres quitte la rue
de l'Université pour s'établir rue Saint-
Lazare.

Mais ce nouveau domicile ne suffit
bientôt plus à son train et à l'accroisse-
ment de sa fortune. Il emménage rue
Bleu, dans un véritable appartement de
prince.

Il ne manque plus qu'une chose à son
bonheur, c'est le ruban rouge.

Or Louis-Philippe garde rancune à
M. Dumas. Son fils, le duc d'Orléans, dans
la maison duquel l'auteur de *Henri III* a
la gloire d'être admis, poste, un beau jour,
notre romancier sur le passage du roi.

C'était à Versailles.

Alexandre tombe à genoux devant son
ancien protecteur et reconnaît humble-
ment ses torts. On le relève par l'oreille,

en présence de toute la cour, avec cette apostrophe peu flatteuse :

« — Grand collégien ! »

Mais la croix est au bout de cette petite humiliation; notre héros ne se plaint pas.

Quelques mois après, ayant eu l'étourderie de conduire mademoiselle Ida Ferrier [1] à un bal chez le duc d'Orléans, le prince s'approcha du couple, et dit, sur un ton fort digne, au trop chevaleresque auteur :

« — Il est entendu, mon cher Dumas, que vous n'avez pu me présenter que votre femme [2]. »

_____

[1] Cette jeune actrice, après avoir passé par le théâtre Comte et celui des Batignolles, avait fini par jouer avec succès à la Porte-Saint-Martin les pièces de M. Dumas, et ses relations avec le dramaturge devinrent très-intimes.

[2] Quelques personnes font courir une autre version dénuée de vraisemblance. Nous refusons de croire

Ces paroles renfermaient un ordre exprès,
dont l'inexécution eût été suivie de la dis-
grâce. Le mariage eut lieu. Toute la littérature y fut conviée. Chateaubriand daigna
servir de témoin à M. Dumas.

Personne n'ignore que celui-ci, à cette
époque, se décorait hautement du titre de
marquis de la Pailleterie.

Madame la marquise et son époux dé-
pensaient gros pour soutenir l'éclat de
leur noblesse. Ils ne furent ni économes
ni sages. Bientôt une séparation devint
nécessaire. Le marquis resta rue Bleu, et
la marquise alla vivre à Florence, où elle
est encore.

Cependant, grâce à la fécondité de ses

aux soixante mille francs de dettes payés par M. Domange, à condition qu'Alexandre Dumas épouserait
l'actrice. On conçoit que le duc d'Orléans intervienne
dans cette affaire, — mais M. Domange?...

collaborateurs, Alexandre Dumas gagnait
deux cent mille francs année courante;
mais cette somme ne suffisait ni à son
luxe ni à ses besoins.

Une fois orné du ruban rouge, il dirigea
ses regards vers l'Institut.

L'auteur de *Louis XI* venait de mourir,
laissant deux fort belles places vacantes,
l'une à l'Académie, l'autre à la bibliothèque de Fontainebleau.

Notre homme avise que l'héritage académique lui revient de droit, et que la
place de bibliothécaire va merveilleusement
à son fils Alexandre.

Mais le duc d'Orléans, ce trop aveugle
protecteur, n'est plus.

Les prétentions à la bibliothèque
échouent les premières, et M. Dumas se
dit :

— Sauvons au moins l'Institut!

En conséquence, il envoie au *Siècle*, qui la répand à quarante mille exemplaires, la jolie réclame suivante :

« Monsieur le rédacteur,

« Plusieurs journaux ont annoncé que j'avais sollicité et obtenu la place de bibliothécaire à Fontainebleau. Veuillez, je vous prie, démentir cette nouvelle, qui n'a aucun fondement. Si j'avais ambitionné un des fauteuils que l'illustre auteur des *Messéniennes* et de l'*École des Vieillards* [1] a laissés vacants, c'eût été SEULEMENT son fauteuil académique. »

Ce magnifique *seulement* toucha fort peu les Quarante. M. Dumas n'obtint pas un vote.

Il est vrai qu'une audacieuse brochure, dont l'auteur aujourd'hui ne se repent guère, dessilla bien des yeux alors, et

---

[1] Notez que, dans ses *Mémoires*, il maltraite abominablement Casimir Delavigne, et en dit pis que pendre.

montra que la gloire de M. Dumas n'est
pas une gloire qu'on récompense, mais
une gloire qu'on châtie.

Les secrets de la fabrique une fois au
grand jour, beaucoup d'ouvriers honteux
la désertèrent.

Notre marchand de phrases ne put livrer toutes les fournitures promises : la
Presse et le *Constitutionnel* lui intentè-
rent un procès pour n'avoir pas donné ses
romans à l'époque convenue.

Maquet lui-même, le fidèle Maquet, dé-
clara qu'il allait déserter comme les autres, si le patron ne lui permettait pas de
signer avec lui au moins les pièces de
théâtre [1].

[1] Jamais, avant la publication de la brochure *Maison
Alexandre Dumas et compagnie*, Auguste Maquet n'a-
vait signé un seul drame. Il nous doit sa renommée
actuelle. Tout en le flagellant pour avoir vendu sa

Alexandre Dumas céda bien à contre-
cœur.

Mais, en ce moment même, il bâtissait
à Saint-Germain sa villa de Monte-Christo,
pour laquelle il fallait des sommes prodi-
gieuses. Or, point de manuscrit, point de
billets de banque : Girardin se montrait
inflexible, et Véron fermait sa caisse à
double tour.

Trop heureux d'avoir conquis une modeste part de célébrité, Maquet travailla
comme aurait dû travailler le patron,
c'est-à-dire comme un nègre.

L'architecte de Monte-Christo put ache-
ver ce curieux édifice, où la sotte vanité
d'un homme engloutit tant d'or, et ras-

plume, nous l'avons fait connaître, et nos révéla-
tions ont servi d'appui à ses légitimes exigences.
Plus d'une fois on est venu nous dire qu'il nous ap-
pelait son cher *ennemi*.

sembla, deux années durant, les fantaisies
les plus coûteuses.

M. Dumas appela d'Afrique deux Arabes, qui lui décorèrent une chambre à
l'algérienne, couvrirent les murs de versets
du Coran, et s'engagèrent par écrit à ne
point exécuter en Europe un travail semblable.

Autrefois l'*Illustration* a donné le détail de toutes les féeries de Monte-Christo.

Elle a fait la peinture des pavillons go-
thiques, des tourelles garnies de cloches,
des jardins, de l'île, du torrent, et de ce
fameux kiosque au plafond d'azur, semé
d'étoiles, qui servait de cabinet de travail au maître [1].

Il y avait à Monte-Christo un atelier.

[1] Tout autour du péristyle, de riches médaillons
sculptés portaient triomphalement le titre de *ses
œuvres*.

pour les peintres, douze chambres pour
les visiteurs, un petit palais consacré aux
singes, un autre aux perroquets, et un
troisième aux chiens, sans compter une
écurie quasi royale abritant huit superbes
chevaux.

Le grand salon, tendu d'étoffes d'or et
de soie, contenait toutes sortes de mer-
veilles artistiques, et le salon *intime*, ou
boudoir, avait pour rideaux de fenêtres
d'immenses cachemires.

C'était un encombrement de tableaux,
de statues, de meubles de Boule, de curio-
sités bizarres, jetés pêle-mêle du rez-de-
chaussée aux combles. Il y avait abus de
sculptures et profusion de moulages. En
tous lieux, à défaut de goût, régnait l'os-
tentation.

Tant de richesses, tant de splendeurs,

ne donnaient point à ce magnifique séjour
le cachet d'aristocratie qu'il aurait voulu
prendre. Un parfum de bohème s'exhalait
du milieu de ce luxe, et les mœurs de
coulisses les plus extravagantes réglaient
l'étiquette du château.

On n'avait eu garde d'oublier sur la
façade, les armes du marquis de la Pailleterie. L'écusson portait cette devise :

J'aime qui m'aime.

Alexandre Dumas inaugura Monte-
Christo par un festin de six cents cou-
verts, dressé en l'honneur de la littérature, du théâtre et des arts.

Il y eut ensuite spectacle. On représenta
une pièce composée tout exprès pour la
circonstance, et dont le titre, — ne nous
accusez pas de mentir, — était :

SHAKSPEARE ET DUMAS.

L'impudeur n'a pas été poussée jusqu'à l'impression du chef-d'œuvre.

Il fallut, après toutes ces folies, mettre les recettes au niveau des dépenses. La fabrique de livres, un instant en désarroi, reçut une activité nouvelle ; d'autres ouvriers remplacèrent ceux qui avaient été pris de vergogne, et M. Dumas osa publier de front, dans quatre journaux, quatre ouvrages différents et de très-longue haleine, signés de lui.

De 1845 à 1846, il imprima plus de soixante volumes.

Certes, il est difficile d'assigner des bornes à la fécondité d'un écrivain et de supputer le nombre de lignes qu'il écrira dans un temps donné. Le roman surtout, ce genre frivole, a le droit de courir la poste et de semer à profusion les volumes. Encore faut-il néanmoins mûrir un sujet, dresser un plan, rassembler

tous les fils d'une intrigue et coordonner les
diverses parties d'un ouvrage.

Or, en tenant compte de ces préparatifs, en
supposant qu'un auteur ne prenne que le repos
absolument nécessaire, qu'il mange à la hâte,
qu'il dorme peu, que l'inspiration chez lui soit
constante, toutes choses impossibles, — dans
cette hypothèse, disons-nous, l'écrivain le
plus fécond produira peut-être QUINZE VOLUMES
par an.... quinze volumes, comprenez-vous,
monsieur Dumas? Encore lui défendons-nous
de châtier son style et de trouver une minute
pour la correction de ses *épreuves.*

Vous avez publié soixante volumes en 1845.

Eh bien, nous ferons le simple calcul que
voici :

Le plus habile copiste, écrivant douze heures par jour, obtient à peine 3,900 lettres à
l'heure, ce qui lui donne, sa journée finie,
46,800 lettres, ou soixante pages ordinaires
de roman. Donc il pourra copier cinq volumes
in-octavo par mois, et soixante par an, mais à
condition qu'il ne s'arrêtera pas une heure et
ne perdra pas une seconde.

Or vous êtes un expéditionnaire de mérite,
monsieur Dumas.

Du 1er janvier au 31 décembre, vous tra-
vaillez *régulièrement* douze heures par jour,
vous dormez *peu*, vous mangez *à la hâte*,
vous ne consacrez pas une minute *au plaisir*,
vous ne voyagez *guère*, on ne vous rencontre
jamais dehors : en conséquence, si nous sup-
posons que vos travaux dramatiques, la *con-
fection* de vos pièces, votre courrier vis-à-vis
des journaux et des théâtres, les visites impor-
tunes et quelques articles de circonstance ne
vous enlèvent que la moitié juste de votre
temps, vous avez pu non pas *écrire*, mais *re-
copier* trente volumes dans le courant de l'année 1845. Tous les autres ont dû l'être par
ceux que vous dressez à imiter votre écriture,
afin que les protes de la capitale ne puissent
conserver aucune preuve contre vous [1].

[1] Alexandre Dumas fils, alors très-jeune, avait une
écriture absolument identique à celle de l'auteur de
ses jours. Depuis, le hasard a voulu que M. Viellot,
secrétaire du romancier, et quelques autres, jouissent
du même avantage.

Ah! faut-il dévoiler ainsi la honte! faut-il détruire jusqu'à la possibilité du doute!

Reprenons le fil biographique.

M. Dumas, tout en inondant la presse d'un déluge de feuilletons, ne cessait pas d'écrire pour le théâtre des actes par centaines.

Mais trop de gourmandise en matière de *primes* [1] ayant scandalisé les entrepri-

[1] Il joua des tours pendables à quelques directeurs. Harel lui ayant promis quatre mille francs de prime s'il lui apportait une pièce, le dramaturge entré, un matin, dans son cabinet avec un rouleau de papier noué d'une faveur rose. « — Est-ce votre drame, Dumas? — Oui, c'est mon drame. J'ai besoin d'argent, cher. » Harel s'exécute et donne la prime. Dumas parti, le directeur, enchanté, déroule la pièce. Pas une ligne d'écriture! C'était une main de papier complétement vierge. Un tour analogue fut joué au duc d'Orléans, qui avait commandé à Dumas l'*Histoire des régiments de France*. Le grand homme fait écrire cette histoire par un sous-officier nommé Pascal, auquel il donne cent cinquante francs par volume. Quant à lui, Dumas, on doit lui payer chaque volume cinq mille francs. Au bout de huit jours, notre héros apporte le premier vo-

ses dramatiques, notre homme se trouva
tout à coup dans l'impossibilité d'écouler
ses produits.

Il songe alors à bâtir une salle destinée à la représentation exclusive de ses
pièces.

M. Hostein, directeur actuel de la Gaîté,
lui vient en aide. On a bientôt le plan
d'un théâtre, un architecte et des fonds.

lume. « Déjà ! s'écrie le prince. — Oui, monseigneur.
Seriez-vous assez aimable pour me faire avancer le
prix du second volume en même temps qu'on me payera
celui-ci ? — Comment donc, Dumas, passez chez mon
trésorier ! » L'*auteur* de l'*Histoire des régiments* reçoit
dix billets de banque, et s'en va. Resté seul, le prince
ouvre le volume, magnifiquement relié à son chiffre, et
lit tout d'un trait le premier chapitre. Désirant poursuivre, il se trouve de nouveau face à face avec un
chapitre premier. Il feuillette plus loin : *Chapitre premier !* De vingt pages en vingt pages, *chapitre premier !*
Le premier volume se trouvait composé de trente *premiers chapitres.* Inutile de dire que le drame de Harel
fut livré et que l'*Histoire des régiments* se compléta,
mais beaucoup plus tard.

Son Altesse le duc de Montpensier,
très-jeune alors et facile à séduire, continue à M. Dumas la protection dont l'ho-
norait le duc d'Orléans. Il lui obtient un
privilége et lui permet de placer la nouvelle scène sous le patronage de son nom.

Ceci devenait grave.

Louis-Philippe, qui avait du flair et
pressentait les périls d'argent, dit au jeune
prince :

— Prends garde, Montpensier! tu n'es
pas riche. Donne-toi, si bon te semble, la
fantaisie d'un théâtre ; mais songe qu'il
n'est pas permis à un membre de la famille royale de faire banqueroute.

Le protecteur effrayé retire sa parole.
Au lieu de s'appeler *Théâtre Montpen-
sier*, la salle nouvelle reçoit le nom de
Théâtre-Historique.

M. Dumas transfère son privilége à Hostein pour une somme de cent mille francs, avec la réserve expresse d'être son unique fournisseur. Puis, en attendant que les constructions entamées s'achèvent, il part pour l'Espagne, assisté au mariage du duc de Montpensier, dépense dix mille écus afin de soutenir dignement à la cour d'Isabelle sa gloire littéraire, signe au contrat, fait ses adieux à la noble race des hidalgos, et va s'embarquer à Cadix sur un bâtiment de l'État mis à sa disposition par le ministre Salvandy.

Ses compagnons de voyage sont Alexandre son fils, les peintres Giraud et Desbarolles, et M. Auguste Maquet, l'*alter ego* du grand homme.

On aborde sur la côte africaine.

Dumas visite Oran, Bone, Alger, Tunis,

Philippeville, chasse au lion, délivre (c'est
lui qui l'affirme) douze prisonniers des
mains d'Abd-el-Kader [1], et regagne la
France.

À peine est-il de retour, qu'un député
malappris monte à la tribune, et s'avise
d'interpeller le ministère au sujet du
voyage de *certain entrepreneur de feuilletons* (textuel) sur un vaisseau de l'État.

— Pourquoi ce gaspillage des deniers
publics? demande l'orateur.

Les ministres rougissent et n'osent pas
défendre M. de Salvandy, auteur de la bé-

[1] Ces prisonniers traitèrent eux-mêmes de leur ran-
çon. L'un d'eux, M. Cabasse, aujourd'hui chirurgien à
l'école militaire de Saint-Cyr et auteur d'une brochure
très-remarquable ayant pour titre : *Relation médico-
chirurgicale de la captivité des prisonniers français
chez les Arabes*, nous a positivement certifié que M. Dumas n'avait été pour rien dans leur délivrance.

vue. Ce dernier, fort heureusement pour
lui, n'était point à la Chambre.

Alexandre Dumas publia, le lendemain,
de cet épisode parlementaire, un article
dans les journaux.

Il n'expliqua ni la complaisance coû-
teuse du ministre, ni la nature de cette
bizarre excursion africaine; mais, en revanche, il fit de sa personne et de son mérite une de ces apologies grotesques dont
lui seul a eu le secret jusqu'à ce jour.

De Madrid et de Tunis il rapporta
nombre de distinctions propres à enrichir
sa fameuse brochette.

On vit paraître aux Tuileries, le jour
de la Saint-Philippe, un homme plus dé-
coré à lui seul que trois maréchaux ensemble.

Cet homme était M. Dumas, l'illustre

fabricant de feuilletons ; M. Dumas, le
châtelain de Monte-Christo, le commandant de la garde-nationale de Saint-Germain. Il portait cinq croix sur la poitrine,
quatre crachats et trois colliers d'ordre.

Sa vanité, sous ce rapport, dépasse toutes les limites connues.

Charles Nodier, devant lequel il se pré-
lassait, un soir, dans son magnifique atti-
rail, lui dit avec cet air doux et paterne
qui faisait passer tant de choses :

— Ah ! Dumas, mon pauvre garçon,
que de babioles ! Serez-vous donc toujours
les mêmes, vous autres nègres, et recher-
cherez-vous éternellement la verroterie et
les hochets ?

Cependant le Théâtre-Historique annon-
çait avec pompe son ouverture.

On donna la *Reine Margot*, comme

pièce d'inauguration, le 20 février 1847,
et, pour la première fois, Auguste Maquet, réclamant l'exécution pleine et entière de la parole donnée, signa sur l'affiche avec Dumas.

— Point de signature, dit-il, point de
travail.

Catilina, — le *Chevalier de Maison-
Rouge*, — *Monte-Christo*, — la *Jeunesse
des Mousquetaires*, — la *Guerre des
Femmes*, — et *Urbain Grandier*, cinq
grands drames à succès, trouvèrent également le jeune collaborateur debout et dé-
masqué sous la rampe.

Les autres ouvriers dramatiques n'eurent pas les mêmes avantages.

Le patron signa seul une traduction de
l'*Hamlet* de Shakspeare faite par Paul
Meurice [1].

_____

[1] Le même auteur a traduit, dit-on, l'*Orestye*, cette

Il signa seul la *Barrière de Clichy*, du même auteur, représentée au Cirque.

Il signa seul le *Cachemire vert*, fait en collaboration avec Eugène Nus.

Et les plagiats, bon Dieu! Nous les voyons recommencer avec beaucoup plus d'effronterie qu'autrefois. La *Jeunesse de Louis XIV*, arrêtée par la censure, et devenue *Jeunesse de Louis XV* [1], sans être, pour cela, jugée plus digne de la scène Française, n'est que la traduction servile d'une pièce allemande, apportée au grand mousquetaire par M. Max de Göritz.

La *Conscience*, jouée à l'Odéon, est tout simplement une trilogie d'Iffland,

merveille annoncée à la Porte-Saint-Martin. Délicieuse affaire pour la direction Marc-Fournier!

[1] M. Dumas s'inquiète peu de l'histoire. Un roi ou un autre, peu lui importe : les scènes restent telles quelles.

cousue en une seule pièce, et traduite par M. Lockroy.

Romulus, joué rue Richelieu, a été pris tout entier dans un roman d'Auguste Lafontaine [1]. Après avoir arrangé ce roman pour le théâtre, M. Paul Bocage pria très-humblement Alexandre Dumas de signer son plagiat, et celui-ci fut mandé aux répétitions sans connaître un mot de la pièce.

Il était à Bruxelles lors de la réception

[1] M. Dumas a publié, dans le journal le *Pays*, le *Pasteur d'Ashbourn*, roman complet du même auteur, copié littéralement d'une traduction de madame de Montolieu qui portait ce titre : *Nouveaux tableaux de famille, ou la vie d'un pauvre ministre de village allemand et de ses enfants.* Le seul travail de M. Dumas fut de changer les noms allemands en noms anglais. Précédemment, le grand fournisseur avait signé le *Collier de la reine*, écrit par Maquet, — le *Trou de l'enfer*, écrit par Paul Meurice, — la *Tulipe noire*, écrite par Maquet sur une donnée du bibliophile Jacob, — *Dieu dispose*, écrit par Meurice, — *Ange Pitou*, écrit par Maquet, et pillé dans l'*Histoire de la Révolution* de M. Villiaumé, etc., etc.

de *Romulus*, par le comité de lecture.

Ah! nous n'exagérons rien!

Toutes ces histoires sont authentiques; tous ces crimes littéraires se commettent au grand jour. M. Dumas ne s'en cache point. Depuis tantôt vingt ans il a jeté le masque, et son impudente apologie du plagiat n'est que trop connue.

Lisez et jugez!

« Ce sont les hommes *et non pas l'homme* qui inventent. Chacun arrive à son tour et à son heure, *s'empare des choses connues de ses pères*, les met en œuvre par des combinaisons nouvelles, puis meurt après avoir ajouté *quelques parcelles* à la somme des connaissances humaines. Quant à la *création complète* d'une chose, je la crois impossible. Dieu lui-même, lorsqu'il créa l'homme, *ne put ou n'osa point l'inventer* : il le fit à son image. C'est ce qui faisait dire à Shakspeare, lorsqu'un *critique stupide* l'accusait d'avoir *pris parfois une scène tout entière* dans quelque auteur contemporain : *C'est une fille que j'ai tirée de la mauvaise société pour la faire entrer dans la*

bonne. C'est ce qui faisait dire plus naïvement
encore à Molière : *Je prends mon bien où je le
trouve.* Et Shakspeare et Molière avaient raison,
car l'*homme de génie ne vole pas;* il conquiert...
Je me trouve entraîné à dire ces choses, parce
que, loin de me *savoir gré* d'avoir fait connaître
à notre public *des beautés scéniques inconnues,* on
me les marque du doigt comme des vols, on me
les signale comme des plagiats. Il est vrai, pour
me consoler, que j'ai du moins cette ressemblance
avec Shakspeare et Molière, que ceux qui les ont
attaqués *étaient si obscurs,* qu'aucune mémoire
n'a conservé leur nom... »

La simple lecture de ces lignes fait l'effet
d'un coup de massue.

Voyez un peu ce qui nous arrive, à nous,
simples moutons de Panurge, qui sautons le
fossé pour imiter les autres, qui lisons M. Dumas parce que tout le monde le lit. Nous nous
promenons çà et là, sur la foi des traités, dans
les champs fertiles de son imagination, le nez
en l'air comme de vrais flâneurs; nous croyons
respirer l'atmosphère de son génie, humer le
parfum de ses souvenirs; nous arrêtons nos
regards sur les roses éblouissantes de sa

poésie.... Imbéciles que nous sommes! Le
voilà qui nous déclare lui-même qu'il n'est
pas le propriétaire de ces champs; que cette
poésie, ces fleurs, ces parfums, appartiennent
à tout le monde.

Ah! *ce sont les hommes et non pas l'homme
qui inventent!*

Merci beaucoup, monsieur Dumas. Nous
vous promettons de ne pas écrire dorénavant
un seul ouvrage, pas le plus petit feuilleton,
pas le moindre article, pas une ligne enfin,
sans mettre au bas cette signature un peu
vague, mais qui devient de rigueur :

LE GENRE HUMAIN.

Où plutôt, réflexion faite, c'est à vous de
nous donner l'exemple, en signant de la sorte
tout ce qui sort de votre plume.

Ah! *chacun s'empare des choses connues
de ses pères!* ah! ah!

Tous les écrivains passés et présents sont,
en conséquence, d'après vous, d'effrontés lar-
rons? Ainsi vous avez le droit de reprendre les
plus belles scènes de Shakspeare, de Caldé-
ron, de Gœthe, de Schiller? Comment donc!
Et, « loin de vous *savoir gré* d'avoir fait con-

naître à notre public des beautés inconnues,
on vous les marque du doigt comme des *vols*,
on vous les signale comme des *plagiats?* »

Ceci nous paraît un peu fort, et l'injustice
est par trop criante.

Méprisez, croyez-nous, tous les *critiques
stupides*. On compte dans leurs rangs Sainte-
Beuve, Latouche, Gustave Planche, Granier
de Cassagnac; mais vous avez cette-ressem-
blance avec Shakspeare et Molière, que ceux
qui vous attaquent sont *si obscurs*, qu'aucune
mémoire ne conservera leur nom. Persévérez
sans crainte dans le pillage du théâtre étran-
ger. Gœthe, Schiller, Calderon, sont des ma-
rauds qui en ont pillé d'autres. Emparez-vous
de leurs chefs-d'œuvre, c'est de bonne prise.

On a double plaisir à voler les voleurs.

Après tout, comme les chefs-d'œuvre sont
rares; comme la gloutonnerie des coulisses parisiennes absorbe, bon an, mal an, près d'un
millier de pièces, il en résultera que les auteurs anglais, allemands, espagnols, n'auront
plus rien à vous donner, quand vous leur aurez
tout pris. Alors qui vous empêchera d'abor-

der nos écrivains nationaux? Le dernier siècle
vous présente une assez jolie marge. Ce vieux
Corneille a rassemblé dans la moisson des ger-
bes nombreuses; ce maroufle de Racine peut
vous offrir quelques petites choses; ce gredin
de Voltaire n'a pas mal de fournitures dans son
bissac, et ce filou de Poquelin n'est plus là
pour vous empêcher de prendre votre bien,
comme il a pris celui de ses devanciers.

Allons, vite à l'œuvre!

Quand vous aurez largement exploité cette
mine nouvelle, vous retomberez sur vos contemporains. Les œuvres de Victor Hugo,
celles de Scribe, sont à votre disposition. Vous
y découvrirez sûrement encore nombre de
beautés inconnues, dont vous gratifierez le
public.

Il serait bien étrange qu'on y trouvât à redire.

Mais tout s'épuise en ce bas monde. Vous
arriverez au bout du magasin théâtral. Eh!
morbleu! quittez alors les planches; et sonnez
de la trompette épique! Recopiez l'*Iliade* de
votre plus belle écriture; faites main basse sur
l'*Énéide :* Homère et Virgile sont dans leurs

7

torts. Prenez l'*Enfer* du Dante, le *Paradis* de
Milton, la *Jérusalem* du Tasse, et signez le
tout : ALEXANDRE DUMAS. Puis, vous pourrez
mourir à votre tour, après avoir ajouté *quelques parcelles* à la somme des connaissances
humaines.

Pour excuser vos *emprunts*, vous ajoutez :
« L'homme de génie ne vole pas, il conquiert. »

Mille pardons! L'homme de génie vole par-
faitement toutes les fois qu'il s'empare du
bien d'autrui. Si l'auteur de *Tartufe*, si le
père d'*Hamlet*, ont été surpris la main dans
le sac, on conçoit qu'ils aient essayé de se
tirer d'affaire par un bon mot. Au surplus,
ce mot ne leur a pas donné raison. Molière et
Shakspeare étaient assez riches de leur propre patrimoine; ils n'avaient besoin d'écorner
celui de personne.

Retenez bien ceci, monsieur Dumas : il
faut imiter les hommes de génie dans leurs
immenses travaux, dans leurs élucubrations
consciencieuses, avant de les imiter dans leurs
torts. Puisque, de votre propre aveu, vous
n'avez rien créé, vos plagiats n'en sont que

plus indignes. *Purpureus assuitur pannis;*
vous taillez dans les-chefs-d'œuvre d'autrui
pour coudre des lambeaux de pourpre à -vos
haillons. En, pillant *une scène tout entière,*
vous agissez en sens inverse de Shakspeare :
*C'est une fille que vous tirez de la bonne so=
ciété pour la faire entrer dans la mauvaise,*
et Molière vous reprocherait à juste titre de
*prendre votre bien où vous ne le trouvez
pas.* -

M. Dumas vole les anciens et achète des manuscrits aux modernes.

Le monde des lettres s'en indigne: Jamais
aussi impur commerce n'a souillé le temple
intellectuel.

Prenez l'un après l'autre les plus beaux
noms de la littérature française; remontez les
siècles, allez jusqu'à Rome; visitez la Grèce,
cette mère patrie de l'éloquence et des beaux-
arts, et dites-nous si vous rencontrez, dans ce
trajet immense, un seul homme qui ait eu la
pensée de signer les œuvres qu'il n'avait point
écrites.

Le propre de l'écrivain, c'est l'individualité; où l'individualité s'efface, l'écrivain disparaît.

Donc, M. Dumas n'est pas un écrivain. C'est un prêtre sacrilége qui se raille des choses saintes et blasphème le Dieu qu'il est chargé de défendre.

Notre devoir est de l'arracher du sanctuaire pour le traîner devant les juges de la loi.

Cet homme achète des manuscrits : vendez-lui donc un manuscrit ! Mais lisez-le d'abord à vingt, à trente, à cent personnes, s'il est possible. Qu'on sache bien que c'est votre œuvre, qu'on en témoigne au besoin. Présentez-vous ensuite au marchand, qui débattra le prix de votre âme sur son comptoir. Emportez le denier de la vente, emportez-le ; mais qu'il soit déposé sur l'heure en main tierce... et, quand M. Dumas osera dire que votre enfant à vous est son enfant à lui ; quand il osera publier dans un journal ce livre conçu péniblement au milieu de vos veilles ; quand il aura l'impudeur de le signer de son nom, prenez le *double du manuscrit*, que vous aurez eu soin de garder pour cette occasion solennelle ; publiez-le dans un autre journal, et signez sans crainte. Renouvelez l'histoire scandaleuse du *National* et de la *Presse* : d'un côté le vérita-ble auteur, de l'autre le pirate.

M. Dumas, irrité, vous appellera devant les juges; mais, devant les juges, vous lui rejet-terez son argent à la face; mais, devant les juges, vous dévoilerez ses manœuvres et son tripotage.

On vous condamnera peut-être, car il n'est pas de loi qui défende à un écrivain d'acheter un manuscrit, comme il n'est pas de loi qui empêche de vendre sa conscience; mais cette condamnation deviendra pour vous un triom-phe, mais le public vous absoudra; mais la ruse de guerre aura pleinement réussi, mais les preuves deviendront palpables, et M. Du-mas, une fois honteusement dévoilé, n'existera plus.

Comme le lecteur s'y attend bien, nous ne donnerons pas ici la liste complète des livres et des pièces de théâtre auxquels le grand marchand littéraire a attaché son nom.

Si, pour certaines œuvres, on ne lui connaît pas de collaborateurs, est-ce à dire que seul il les ait conçues, que seul il les ait écrites ?

Non, vraiment.

Ses *Impressions de voyage* et ses *Mémoires*, où l'on semble reconnaître, plus que partout ailleurs, le cachet de la personnalité, foisonnent de lieux communs rebattus, de détails et d'anecdotes pillés dans tous les *ana*. Ce bizarre homme de lettres ne travaille jamais sans avoir sous les yeux trente ou quarante volumes ouverts, dans lesquels sont annotés et soulignés les passages bons à prendre et relatifs au sujet qu'il traite.

Un jour viendra, — retenez la prédiction, — où un bibliographe patient, un Quérard infatigable, après avoir visité

toutes les sources et recueilli tous les témoignages contemporains, prendra l'une
après l'autre chaque page de l'homme
(nous parlons des pages ayant quelque va-
leur) et démontrera victorieusement qu'il
n'a rien fait de lui-même sans aide et sans
concours.

M. Dumas, depuis vingt ans, bouche
aux jeunes écrivains toutes les issues
de la publicité. Par son trafic inqualifiable,
il les dépouille de leur droit à l'héritage
commun, il usurpe leur place au soleil.

Parmi ces jeunes auteurs repoussés de la
lice, il en est un grand nombre dont le
talent ne demandait qu'un peu d'espace
pour se développer et grandir. Dans l'essor une fois libre du génie, bientôt ils
eussent dépassé l'écrivain dont les indignes manœuvres retenaient leurs ailes

captives; — et cela sans jeter au public une pâture immorale, sans en imposer aux lecteurs, sans commettre un crime de lèse-patrie, en souillant les pages les plus nobles de notre histoire.

Oui, monsieur Dumas, vous avez tué la littérature.

Vous l'avez tuée, en rassemblant autour de vous des écrivains sans conscience qui répudient la dignité de la plume, qui se cachent honteusement sous l'anonyme, et auxquels, dès lors, il importe peu de jeter au sein des masses le levain du mauvais goût, les principes corrupteurs.

Avec le secours de ces ouvriers ténébreux, vous manipulez un poison lent qui s'infiltre dans les veines du corps social; vous mettez au pétrin l'histoire avec le mensonge, et vous en faites un amalgame indigeste que vous donnez au peuple pour sa nourriture intellectuelle [1]. En présence des générations nais-

[1] Il y a plusieurs millions d'individus, en France

santes, vous ôtez à la vertu son prestige, vous
chassez la pudeur comme une couréuse. Sur
vos pages le vice a des allures aimables, la dé-
bauche est bonne fille, et le crime excite la
compassion plutôt que le mépris. Vous propa-
gez enfin cette littérature galvanique et furi-
bonde qui remue les passions mauvaises,
fouette le sang, et réveille les organes des
hommes blasés. Grâce à vous, grâce aux cui-
siniers qui manœuvrent sous vos ordres, le
public refuse toute nourriture saine. Il n'aime
plus que les ragoûts affreusement épicés. Le
faux le séduit, l'extravagance le transporte; il
chevauche en croupe avec vous sur la mule
fantasque du caprice. Qu'on essaye de le rame-
ner sur le grand chemin du sens commun, il
piquera la bête et répondra par des ruades.
Aujourd'hui les bons livres passent inaperçus,
le beau style est dépouillé de ses charmes, le
vrai paraît fade, le naturel ennuie. Qu'on éla-
bore un chef-d'œuvre, et l'on est sûr que la

qu'on ne fera jamais démordre de certains points
historiques, étudiés par eux dans la *Reine Margot* ou
dans les *Mousquetaires*.

préférence sera donnée sans conteste au premier venu de vos feuilletons grotesque et
menteur.

Nous sommes sévère, oui sans doute ;
mais la postérité le sera plus que nous
encore.

Il arrive très-souvent à M. Dumas de ne
pas même jeter les yeux sur le manuscrit
qui va s'imprimer sous son nom.

Dans un cercle de la rue Laffitte, un de
ses lecteurs assidus, après l'avoir comblé
d'éloges, se hasarde néanmoins à lui dire
que, dans un de ses romans, il a commis
une erreur géographique impardonnable.

— Bah ! dans lequel ? demande l'illustre écrivain.

— Dans le *Chevalier d'Harmental*,
répond son interlocuteur.

— Ah ! diable ! je ne l'ai pas lu ! répond

étourdiment notre homme. Qui m'a fait
cela?... Bon ! c'est ce petit Auguste... Je
lui laverai la tête !

Après la Révolution de 1848, que
M. Dumas se flatte d'avoir provoquée lui-
même par ce malheureux *Chœur des Gi-
rondins*, hurlé dans tous les carrefours, il
descendit sur le boulevard, vêtu de son
magnifique uniforme de commandant de
la garde nationale, et se prit à haranguer
le peuple.

On le reçut avec des huées.

— Vas-tu te taire ! lui cria malhonnête-
ment un titi en bonnet de police et en
blouse. Tu as encore dans la *bouche* (il se
servit d'une expression plus pittoresque)
un bout de cigare de Montpensier !

Un bout de cigare, et non pas un cigare complet : le gamin de Paris seul,

avec son esprit satanique, trouve de ces
nuances.

Alexandre Dumas dévora son affront, et
persista courageusement à se poser en dé-
mocrate-pur.

Nous le voyons, à cette époque, fonder
un journal, auquel il donne pour titre la
Liberté. Son but était de remplacer le
feuilleton-roman, que personne ne lisait
plus, par de la politique amusante. Mais le
sérieux des esprits contrastait beaucoup
trop avec la légèreté des articles de M. Dumas.

Il ressemblait à un jongleur qui fait
des tours à un enterrement.

La *Liberté* mourut peu de temps après
sa naissance. On refusait de l'acheter sur
la voie publique et à la porte des passages.

Cet insuccès ne guérit pas notre romancier de la passion de vendre des *canards*.

On vit presque aussitôt paraître une annonce ainsi conçue :

« Le Mois, résumé historique et politique de tous les événements, jour par jour, heure par heure, *entièrement rédigé* par Alexandre Dumas. »

Sur le premier numéro, chacun put lire au-dessous du titre, cette épigraphe miraculeuse :

Dieu dicte, nous écrivons !

Or la France impie et républicaine fit au secrétaire de la Divinité l'injure de ne pas acheter sa rédaction.

Fatigué du journalisme, Alexandre se présente comme candidat à l'Assemblée Constituante.

— Je suis un *ouvrier* de la pensée! crie-t-il dans les clubs, et je donne du pain tous les jours, depuis vingt ans, à des centaines d'ouvriers, mes frères, compositeurs, imprimeurs, brocheurs, assembleurs, margeurs, relieurs et plieurs, qui travaillent à mes journaux et à mes livres!

En dépit de ce beau discours, on lui fait dans les clubs un accueil analogue à celui qu'il a reçu, le 24 février, sur le boulevard.

Un ami le prévient que l'arrondissement de Corbeil annonce des candidats plus que médiocres.

Pensant triompher là sans coup férir, lui, personnage célèbre, Dumas court haranguer les bons électeurs de Seine-et-Oise. Afin de mieux les séduire, il met sa brochette.

— Ah çà, lui objecte-t-on, pour un républicain, vous avez bien des croix?

— Mon Dieu, répond-il, si je les porte, ce n'est point du tout par amour-propre, je vous le jure ; c'est purement et simplement pour ne pas désobliger ceux qui me les donnent. A quoi bon chagriner ces malheureux rois ?

Fouillant dans sa poche, il en retire un paquet cacheté.

— Ce matin même, poursuit-il, on vient encore de m'en envoyer une.

Il ouvre le paquet.

— Oui, tenez, justement!... C'est du roi de Hollande..... Pourquoi voulez-vous que je lui fasse de la peine, à ce pauvre roi de Hollande ?

M. Dumas amusa beaucoup les habitants de Corbeil ; mais ils ne lui confièrent pas

l'ombre d'un mandat. Notre homme, après
toutes ses cabrioles politiques, retomba sur
ses pieds, Gros-Jean comme devant. De
guerre lasse, il en revint à ses drames.

Or chaque théâtre, en ces malheureux
jours, se trouvait aux portes de la ruine.

Plus intéressé que personne à soutenir
la direction Hostein, Alexandre Dumas
donne hypothèque sur Monte-Christo, palpe
des fonds et les verse dans la caisse du
Théâtre-Historique.

Mais on sait que le gouffre d'une salle
vide absorbe bientôt les mille francs par
centaines.

Tous les sacrifices furent perdus.

Compromis dans la faillite du théâtre,
par cela même qu'il avait fourni de l'argent à l'entreprise, Alexandre Dumas
laisse aux hommes de loi le soin de dé-

brouiller ses affaires [1], et prend le chemin
de Bruxelles.

Il avait un sauf-conduit, rien ne le con-
traignait à la fuite.

Mais, comme Victor Hugo venait de partir en exil, Dumas, assure-t-on, profita de
la circonstance pour se donner à son tour
des airs d'exilé.

Nous connaissons un autre motif de son
départ.

Auguste Maquet venait de lui fausser
compagnie. Créancier du patron pour une
somme considérable [2], l'ouvrier réclama
de la manière la plus énergique le prix
de ses travaux. M. Dumas obtint quittance
en signant un acte fort en règle, où il reconnaît à son collaborateur le droit de re-

[1] Monte-Christo fut saisi et vendu.
[2] Environ soixante-dix mille francs.

8

vendiquer une partie des romans sur lesquels il lui avait été défendu jusqu'alors d'apposer sa signature. Ainsi les nouvelles éditions de la *Reine Margot*, — de *Vingt ans après*, — de *Monte-Christo*, — du *Vicomte de Bragelonne*, etc., devront donner place au nom de Maquet sur la couverture et sur le titre, à côté du nom de Dumas.

Cette pilule était amère.

Le grand marchand de phrases ne l'avala point sans grimace.

Entre le fidèle Auguste et lui toute collaboration cesse. Que devenir, et combien de plumes faudra-t-il pour remplacer cette plume féconde?

M. Dumas réfléchit que Bruxelles donne asile, dans ses murs, à bon nombre de littérateurs républicains sans ouvrage.

Corbleu ! voilà mon affaire !

Esquiros et Noël Parfait puiseront dans ma bourse, mangeront à ma table, et me feront de la copie. Partons pour Bruxelles.

Hélas ! *Isaac Laquedem*, premier produit de la collaboration démocratique et sociale de ces messieurs, brouille M. Dumas avec le *Constitutionnel*.

Épouvanté de voir mettre en scène le Christ et la Vierge au début du livre, le patriarche biffe les chapitres profanateurs.

Voilà M. Dumas en courroux.

Il s'obstine à vouloir rétablir les pages supprimées. Le *Constitutionnel* s'adresse aux tribunaux : Justice est faite, et l'œuvre sacrilége est suspendue.

Depuis le divorce avec Auguste Maquet, Alexandre Dumas tombe, tombe chaque jour.

Il n'a plus d'appui.

Sous peine de donner à cette notice l'é-
tendue d'un volume in-8°, nous ne pouvons pas faire l'histoire complète du journal absurde où il s'efforce de galvaniser sa
réputation morte.

Le *Mousquetaire* est là, sous vos yeux.
Prenez et lisez.

Nous ne relèverons ni les platitudes
qu'il imprime, ni les tours de charlatan
qu'il exécute, ni les écarts de vanité mons-
trueuse auxquels il s'abandonne [1].

---

[1] Il est impossible néanmoins de passer sous silence une histoire racontée récemment, et qui donne
la mesure des autres. C'était à une soirée chez le duc
Decazes, à laquelle assistaient lord et lady Palmerston. M. Dumas causait sur un divan avec Victor Hugo,
quand tout à coup le jeune Decazes vint leur dire :
« — Seriez-vous assez bons, messieurs, pour laisser une
place libre entre vous? » Ils s'écartent. Aussitôt lord
Palmerston fait asseoir sa femme entre eux. « — Milady,
lui dit-il solennellement, tirez votre montre. Quelle

A l'exception de ses *Mémoires*, qui sont les *Mémoires* de tout le monde; et pour lesquels il va demander des notes à chaque personnage un peu célèbre [1], M. Dumas, dans ce journal, n'insère absolument pas une ligne qui lui soit propre.

Ah! pardon! Ses *Causeries* lui appartiennent.

Les avez-vous lues, ses *Causeries* [2]?

Hélas! hélas! quelle leçon terrible les

heure est-il? — Dix heures trente-cinq minutes, milord, répond la noble dame. — Eh bien, milady, n'oubliez jamais qu'aujourd'hui, à dix heures trente-cinq minutes du soir, vous avez eu l'honneur d'être assise entre les *deux* plus grands génies de votre siècle! » (L'anecdote est signée Alexandre Dumas.)

[1] Adolphe Adam lui a textuellement fourni tout ce qui concerne Eugène Sue. Ainsi du reste.

[2] C'est le délayage le plus fatigant du monde. Il raconte en trois ou quatre colonnes l'histoire de son chat Myssouf, qui le suivait dans les rues comme un chien, et qui venait le soir à sa rencontre, lorsqu'il rentrait de son bureau. C'était à l'époque où M. Dumas était commis au secrétariat.

écrivains futurs puiseront dans l'histoire de cet homme !

Dieu seul peut dire jusqu'où nous le verrons descendre.

Nous avons, dans ces longues pages, glissé systématiquement sur la peinture de caractère, par cela même que nous l'avions autrefois trop approfondie. L'homme est connu, bien connu, et nous terminerons par quelques anecdotes.

Alexandre Dumas tranche perpétuellement du matamore.

Il tire sa flamberge à tout propos. Mais ses duels ne sont pas sérieux. On fait sur le terrain quelque mise en scène (car le public regarde), puis on s'arrange.

Une de ces comédies manqua néanmoins de tourner au tragique.

C'était à l'époque du premier *Figaro*.

Notre homme, un soir, entre au journal et menace de tout briser. Deux articles ont paru contre lui. Quel est l'auteur de ces articles? Vite, son nom!

— Je n'en sais rien, dit Maurice Alhoy, chargé de la rédaction en chef.

— C'est impossible! crie Dumas, vous devez le savoir!

— Je vous proteste que je l'ignore. On s'informera.

— Non! je n'attendrai pas une minute! Il faut que je tue quelqu'un!

— Mon cher, dit Maurice Alhoy, vous m'échauffez la bile, à la fin. Je réponds de toutes les lignes qui paraissent dans le *Figaro*, et je suis votre homme. Battons-nous!

Des amis s'interposent.

Alexandre consent à ne pas tuer Mau-

rice; mais il est l'offensé, son honneur
loit rester sauf. On ira, le lendemain, au
point du jour, dégaîner au bois de Bou-
logne. Seulement, on ne se touchera pas,
et l'on ne fera qu'un simulacre de duel.

Nos deux adversaires sont exacts au
rendez-vous. Les témoins ne savent rien
de l'arrangement.

Alexandre est sublime de courage. Il ne
semble pas ému; sa figure ne trahit aucune pâleur.

On apporte des épées.

— Hein?... qu'est-ce que cela? crie Dumas : des épées bleues?.... je ne me suis
jamais servi d'épées bleues... Pierre! con-
tinue-t-il, avec une pose de héros, en se
tournant vers son nègre, donne mes épées
noires!

Le nègre s'empresse d'obéir.

On croise le fer.

Maurice Alhoy, très-nerveux de sa nature, et déjà fort agacé par la mine intré-
pide de son homme, n'y tient plus lorsqu'il entend Dumas lui crier, tout en
ferraillant :

— Défendez-vous, corbleu!... Ferme
donc!... J'aurai trop facilement raison
d'un adversaire de votre force... Aïe! s'ex-
clama-t-il, en laissant tomber son arme.

Pour châtier le fanfaron, Maurice venait
de le blesser légèrement à l'épaule.

— Eh! que faites-vous donc? ajoute Dumas en s'oubliant. Ceci n'était pas con-
venu !

Toutes ses histoires de duel sont du
même genre.

Son amour-propre colossal lui a joué
parfois d'assez vilains tours. A un dîner

chez mademoiselle G***, il osa dire, en présence du critique Becquet, prédécesseur de Janin aux *Débats* :

— Ma foi, je vous assure que j'aime beaucoup mieux avoir fait *Christine* qu'*Athalie!*

Becquet ne put retenir un geste d'indignation. Les convives se regardèrent tout saisis.

— Permettez ! balbutia Dumas, voyant l'effet qu'il venait de produire. Il faut me comprendre. *Athalie...* enfin, que diable, vous l'avouerez, *Christine* est plus amusante !

— C'est juste, dit Becquet. Vous êtes un grand homme, et Racine est un polisson!... J'ai bien l'honneur de vous saluer.

Là-dessus, il quitta la table et s'en alla furieux.

M. Dumas connaît, ou veut avoir l'air de connaître intimement toutes les célébrités de son époque. Rencontrant un ami d'Horace Vernet au foyer des Variétés, il court lui presser la main en s'écriant :

— Ah çà, mais ce cher Horace ne revient donc pas d'Afrique!... C'est incroyable!... Je ne saurais vous dire combien sa longue absence me chagrine; car nous sommes au mieux ensemble. Avez-vous reçu de ses nouvelles?... Il va bien?

— Le voici, répond son interlocuteur avec un sourire narquois, en montrant Horace Vernet lui-même, qui lui donnait le bras.

Jamais Alexandre n'avait vu le peintre. Il perdit contenance, passa du noir au rouge, et du rouge au bistre ; puis, tournant les talons, il disparut. C'était véritablement ce qu'il avait de mieux à faire.

— Quel malheur d'avoir écrit cinq cents
volumes! s'écriait Dumas, un jour de pluie,
en bâillant sur un fauteuil.

— Pourquoi? lui demanda-t-on.

— Eh! répondit-il, parce qu'on n'a
plus rien à lire !

Chose bizarre! cet homme, qui a gagné
des millions, s'est constamment trouvé
dans la gène. L'or fond entre ses doigts.
Versez-lui cinquante mille francs, demain
il aura besoin de cent sous [1].

[1] M. Dumas est aujourd'hui très-pauvre. Les cinquante francs que Boulé lui octroie chaque jour sont
loin de lui suffire, et peut-être vont-ils lui faire défaut,
car le *Mousquetaire* se meurt. Dumas emprunte à ses
amis sur le gain futur d'un procès, à la fin duquel le
Siècle, assure-t-il, devra lui payer plusieurs millions. Il
rêve, en outre, une foule d'héritages, que nombre de
vieux garçons, ses lecteurs assidus, ne peuvent manquer
de lui laisser. Chacun se rappelle le dernier *canard belge*
au sujet de l'octogénaire de Poitiers. Ce monsieur, très-

Une personne qu'il avait beaucoup
connue tomba dans la misère.

— Allez lui dire, s'écria Dumas, que
je lui fais douze cents livres de rente sur
mes droits d'auteur.

Malheureusement, ces droits étaient saisis jusqu'à concurrence d'une somme de
vingt mille écus. On vint remémorer cette
circonstance au grand dramaturge.

— Diable! s'écria-t-il. En ce cas,
qu'elle prenne le double!

A Saint-Germain, après un hiver hu-
mide, le propriétaire d'une glacière,
voyant sa provision restreinte, refusait
obstinément de vendre de la glace, n'im-

malade, se serait fait lire *Monte-Christo* (jolie prépara-
tion à la mort!) et aurait légué à M. Dumas trois cent
mille francs par reconnaissance. On a démenti l'histoire, mais elle peut faire naître à d'autres l'envie de
tester.

porte à quel prix. Très-partisan de la littérature de M. Dumas, il réservait tout
pour la fourniture de Monte-Christo.

Un riche bourgeois du pays, voulant
frapper quelques bouteilles de champagne,
a recours à une ruse de guerre, et envoie
son domestique demander vingt livres de
glace au nom de M. Alexandre Dumas.

On les donne.

— Combien est-ce? demande le com-
missionnaire, présentant une pièce d'or.

— Ah! gredin! tu ne viens pas de la part
de M. Dumas! s'écrie le fournisseur. Rends
la glace, et va-t'en! M. Dumas ne paye
jamais.

Si nous attaquons rudement l'auteur de
Henri III au point de vue de la moralité
littéraire, nous devons dire que beaucoup
de gens n'ont jamais compris cette vio-

lence. Acheter des livres qu'on n'a pas
faits et y apposer sa signature leur semble
une chose toute simple. Ils regardent cela
comme une manœuvre commerciale très-
permise, et M. Dumas ne perd absolument
rien dans leur estime.

Ceci implique que notre héros, malgré
ses torts, a des admirateurs sincères, des
amis enthousiastes.

M. Porcher, l'illustre chef de claque, est
du nombre.

Il offrit un jour au grand mousquetaire un dîner splendide. Le moët petil-
lait, la gaieté la plus charmante régnait
d'un bout de la table à l'autre. Porcher
seul regardait son verre et ne le vidait
pas. Il faut dire qu'il avait absorbé déjà
de nombreuses rasades et que le vin le
poussait à l'attendrissement.

— Qu'avez-vous donc, mon cher ami? lui demande Alexandre.

— Suis-je bien réellement votre ami? murmure le chef de claque.

— Vous n'en doutez pas, j'imagine?

— Non, Dumas; mais il y a une chose qui me fait de la peine.

— Laquelle?

— C'est que vous ne m'avez jamais tutoyé, Dumas. Je vous en prie, tutoyez-moi.

— Ce pauvre Porcher!... Comment donc! avec infiniment de plaisir : touche là, mon cher, et prête-moi mille écus !

FIN.

Cher Ambassadeur —

Voici madame Dumas qui vous est
fidèle comme votre éternel printemps, et
qui retourne demander à Florence une
hospitalité, qu'elle lui a déjà si gracieusem.
offerte. Soyez bon pour elle à ce voyage
comme vous l'avez été aux autres — et un
beau jour j'irai moi même vous remercier
et vous serrer la main

Vous les respects du cœur

Paris ce 15 avril 1845 —

A. Dumas

www.ingramcontent.com/pod-product-compliance
Lightning Source LLC
Chambersburg PA
CBHW051735090426
42738CB00010B/2265